Achtsam leben

SYLVIA WETZEL

Mut zur Muße

Sich Zeit gönnen
für das Wesentliche

SCORPIO

Sylvia Wetzel ist Publizistin, Meditationslehrerin und Mitbegründerin der Buddhistischen Akademie Berlin-Brandenburg. In ihren Büchern, Vorträgen und Kursen integriert sie die Erkenntnisse der westlichen Psychologie und Philosophie mit den Einsichten buddhistischer Weisheit.
www.sylvia-wetzel.de

MIX
Papier aus verantwortungsvollen Quellen
FSC® C084279

Umschlaggestaltung: Hauptmann & Kompanie Werbeagentur, Zürich
Satz und Layout: Veronika Preisler, München
Druck und Bindung: Print Consult, München
ISBN 978-3-95803-085-5

www.scorpio-verlag.de

Inhalt

Einführung

»Ein breiter Rand von Muße ist im Leben eines Menschen ebenso schön wie in einem Buche.«

Henry David Thoreau

Einen großen Teil des Tages sind wir aktiv. Die Frage ist: Was tun wir, wenn wir tätig sind? Wir stellen sie uns vielleicht erst dann, wenn wir müde und erschöpft sind, zu viel gearbeitet und zu wenig ausgeruht haben. Solange alles gut läuft, stellen wir Dinge nicht infrage. Warum auch? Wenn wir uns einigermaßen sicher fühlen, fragen wir uns nicht, wer wir sind. Solange unsere Zweierbeziehung gut genug ist, fragen wir uns nicht, worin der Sinn von Beziehungen besteht. Und solange wir bei der Arbeit das rechte Maß finden, fragen wir uns nicht, was wir eigentlich den ganzen Tag tun.

Menschen sehnen sich nach Anerkennung und Zuneigung und nach Tun und Ausdruck. Wir wollen lieben und arbeiten, aber auch ausruhen und feiern und allein und mit anderen unsere schöne Welt genießen. Wie kommt es, dass wir trotz vieler technischer Geräte, die uns Arbeit abnehmen und das Leben erleichtern sollten, mehr arbeiten als unsere Vorfahren?

Ich habe noch mit meiner lebenslustigen und tüchtigen Großmutter auf der Bank am Fluss gegenüber unserem Haus gesessen und Löcher in die Luft geguckt. Und ich verzog mich als Kind, kaum dass ich Druckschrift entziffern konnte, auf einen Birnbaum im Garten, um in aller Ruhe ein spannendes Buch zu lesen. Frei von allen Pflichten und Aufgaben und auch frei von allem inneren »sollte, hätte, wäre, müsste«.

Ich bin den Frauen meiner badischen Großfamilie unendlich dankbar, dass sie mir die Lust am Leben und am Lesen vorgelebt haben, trotz Kindern, Geschäft und Garten. Meine Mutter führte mit Leidenschaft eine Gastwirtschaft in einer badischen Kleinstadt und hatte mit Mutter und Ehemann, fünf Kindern und drei Angestellten wirklich genug zu tun. Ihr Lebensmotto war: »Mir lebe nit zum Schaffe, mir schaffe, damit mir lebe kenne. Aber unser schwäbische Verwandtschaft lebt nur, damit se schaffe kenne. So ebis Bleds.« Auf Hochdeutsch: »Wir leben nicht, um zu arbeiten. Wir arbeiten, damit wir leben können. Aber unsere schwäbische Verwandtschaft lebt nur, damit sie arbeiten kann. So etwas Blödes.«

Was ist Arbeit? Was tun wir, wenn wir tätig sind? Das Thema beschäftigt mich seit meiner Studienzeit im Berlin der 1970er-Jahre. Eigentlich wollte ich meine Abschlussarbeit für das Lehramt an Gymnasien im Fach Politik über den Begriff der Arbeit schreiben. Aber dann entschied ich mich doch lieber dafür, in meinem zweiten Hauptfach Russische Literatur die Rolle des Humors in einem russischen Buch über Straßenkinder in den Bürgerkriegswirren der 1920er-Jahre zu untersuchen (Panteleev, *Die Republik der Schwäne*).

Die Stimme meines Herzens empfahl mir dann im Frühjahr 1975, als ein Prüfungsthema das Motiv des überflüssigen Menschen (russ. *lischni tschelovek*) in der russischen Literatur im 19. Jahrhundert zu wählen. Die sowjetische Literaturwissenschaft hat diese literarischen Figuren als Revolutionäre interpretiert, die leider vor der russischen Revolution geboren wurden und so nicht wussten, wie sie ihre Abneigung gegen das Luxusleben als Aristokraten sinnvoll umsetzen konnten.

Das Verhältnis von Arbeit und Muße ist sozusagen eins meiner Lebensthemen. Seien Sie also nicht überrascht, wenn ich in diesem Buch nicht nur kleine Übungen zur Entspannung und zum Auftanken vorstelle, sondern auch über unsere kulturellen Prägungen nachdenke und gesellschaftliche und politische Bedingungen hinterfrage. Denn sie machen es vielen Menschen sehr schwer, innezuhalten und sich Zeit zu nehmen. Aber das brauchen wir, damit wir herausfinden, was uns wirklich wichtig ist, und uns für diese wesentlichen Anliegen und Dinge auch Zeit gönnen. In diesem Kontext interpretiere ich, in Anlehnung an den koreanischen Philosophen Byung-Chul Han (2011), Burn-out als unbewussten Widerstand gegen eine überzogene Leistungsgesellschaft. Und Menschen auf der Suche nach Wellness und Entspannung sehe ich als potenzielle Revolutionäre, die noch nicht begriffen haben, welches gesellschaftsverändernde Potenzial in der Fähigkeit zur Muße steckt.

Wir wollen tätig sein und wir müssen arbeiten, um unseren Lebensunterhalt zu sichern, die gemeinsame Welt zu gestalten und miteinander auszuhandeln, wie wir leben wollen. Damit wir das mit Herz und Verstand, mit optimistischem Realismus, mit Offenheit und Zuversicht tun können, brauchen wir Zeiten der Muße, eine Zeit frei von äußeren und inneren Zwängen. Erst dann sind wir frei genug, allein und mit anderen über unsere eigenen Interessen und Anliegen und über die gemeinsame Welt nachzudenken und die Bedingungen für ein respektvolles und kooperatives Miteinander zu schaffen.

Gerade in Umbruchzeiten reicht der Aktivismus des immer Gleichen oder der schlecht durchdachten neuen Organisationsmodelle nicht aus. Wir brauchen Zeit und Raum, in uns und um uns herum, um mit den Herausforderungen in Politik und Gesellschaft, mit Staatenzerfall und Kriegen, Klimakrise und Wirtschaftskriminalität, Finanzspekulationen und demografischem Wandel usw. kreativ und zum Wohle aller Beteiligten umgehen zu lernen.

Wir brauchen Zeiten der Muße, frei von äußeren Zwängen – von Aufgaben und Pflichten, aber auch von Lärm und Dauerberieselung mit Informationen –, damit wir unsere inneren Zwänge – Über-Ich-Ansprüche und Ich-Ideale, überzogene Erwartungen und reaktive Muster, individuelle und kollektive Ängste usw. – erkennen und abbauen können.

Das heißt auch, wir müssen uns, als Einzelne und als Gesellschaft, entscheiden, ob wir unser Leben weiterhin an immer schnellere Maschinen anpassen wollen oder die Maschinenzeit an unsere Eigenzeit. Sollen Tempo und Logik technischer Geräte unsere menschlichen Möglichkeiten weiter einschränken und verflachen oder wollen wir sie im Rahmen unserer individuellen und sozialen, kreativen und spirituellen Bedürfnisse und Anliegen nutzen?

Kurz gesagt, will ich mit diesem Buch die persönlichen, sozialen und politischen Chancen, Risiken und Nebenwirkungen von Arbeit und Muße, Freude am Tun und Entspannung erkunden und Denkansätze und konkrete Methoden vorstellen, wie wir die für uns stimmige Balance zwischen Arbeit und Muße finden können.

Im ersten Kapitel geht es vor allem um die Bedeutung und um die Rolle von Arbeit, Entspannung und Muße und um den *Unterschied* zwischen Entspannung und Muße. Ich schlage dann einige Grundübungen vor, wie wir äußere und innere Zwänge erkennen können, die Entspannung und Muße erschweren oder ganz verhindern. Im zweiten Kapitel weise ich auf einige Bedingungen und Einstellungen hin, die unser Denken und Handeln in Wirtschaft und Politik beeinflussen. Im dritten Kapitel geht es um konkrete Wege *zu mehr Muße* im Leben.

Für diesen Weg wünsche ich Ihnen viel Experimentierfreude und ausreichend Muße!

Ludwigsfelde, Ostern 2017
Sylvia Wetzel

1

Arbeit und Muße: Warum wir tun, was wir tun

»Wir leben nicht, um zu arbeiten,
wir arbeiten, um zu leben.«

Badisches Sprichwort

»Was ohne Ruhepausen geschieht,
ist nicht von Dauer.«

Ovid

Was ist Arbeit? Was tun wir, wenn wir tätig sind? Die politische Philosophin Hannah Arendt hinterfragte in ihrem Klassiker *Vita activa oder Vom tätigen Leben* Mitte der 1950er-Jahre in New York, wo sie seit ihrer Flucht vor dem Nationalsozialismus lebte, das überzogene Leistungsdenken, das Europa seit Reformation und Aufklärung im Griff hat und das in Nordamerika Leitkultur ist. Der

Glaube an die Fähigkeit des Menschen, sein Schicksal in die eigenen Hände nehmen zu können, setzte vor allem im 19. Jahrhundert eine erstaunliche Kreativität frei, die uns mit technischen Wunderwerken und materiellem Wohlstand zumindest in unserem Teil der Welt »segnete«.

Wir entdecken aber heute, dass das autonome Persönlichkeitsideal, das glaubt, mit der Kraft der Vernunft Natur und Mensch, Kultur, Gesellschaft und Politik selber gestalten und kontrollieren zu können, an seine Grenzen stößt. In seiner Schrumpfvariante, die an den rein ökonomisch denkenden Menschen, den *Homo oeconomicus,* glaubt, reduziert es die Menschen auf freie Marktteilnehmer und Konsumenten, auf Leistung und Effizienz, Berechenbarkeit und Nutzen und lässt uns kaum mehr Luft zum Atmen, geschweige denn zum Nachdenken über unsere eigenen Anliegen und über die gemeinsame Welt.

Wir stehen im Zeitalter der Digitalisierung und der radikalen Globalisierung vor einer Jahrhundertentscheidung: Wollen wir uns weiterhin und immer mehr als Anhängsel immer schnellerer technischer Geräte und Maschinen betrachten und behandeln? Oder fassen wir endlich Mut und machen uns daran, gemeinsam mit Menschen guten Willens, die Strukturen von Wirtschaft, Technik und Finanzsektor an die organischen Rhythmen unseres Lebens anzupassen (Safranski 2017)? Sie so zu verändern, dass das Leben für alle lebenswert wird. Wenn wir darüber nachdenken und uns mit anderen austauschen wollen, brauchen wir Zeit, und zwar nicht nur hin und wieder ein paar Minuten, sondern Muße, eine Zeit frei von äußeren und inneren Zwängen. Was das bedeutet und wie wir sie finden, davon handelt dieses Buch.

DER *HOMO OECONOMICUS*

Das seit der Aufklärung herrschende Ideal der autonomen Persönlichkeit stößt heute an seine Grenzen. Es reduziert uns auf freie Marktteilnehmer und Konsumenten, auf eine Leistungsgesellschaft, in der der Einzelne kaum noch zählt, Effizienz, Berechenbarkeit und Nutzen jedoch zum Maß aller Dinge erhoben werden. Dieses System lässt uns kaum mehr Luft zum Atmen, geschweige denn zum Nachdenken über unsere eigenen Anliegen und über die gemeinsame Welt.

Das aktive und das kontemplative Leben

Was muten wir uns eigentlich alles zu? Ein Teil der Überforderung in unserer Zeit hat auch damit zu tun, dass moderne Menschen nicht mehr auf einen Beruf und ein Interessengebiet festgelegt sind, sondern die Freiheit haben, zahlreichen Interessen nachzugehen. Viele überfordern sich damit gnadenlos, denn es braucht Muße, Zeit, frei von äußeren und inneren Zwängen, um herauszufinden, was uns wirklich wichtig ist.

Damit wir uns Zeit gönnen können für das Wesentliche, müssen wir zuerst herausfinden, was uns wirklich am Herzen liegt. Und dazu müssen wir unterscheiden lernen zwischen dem, was wir selbst *wollen, und dem, was* andere *von uns wollen, das heißt zwischen eigenen oder inneren (intrinsischen) und von außen an uns herangetragenen (extrinsischen) Bedürfnissen. Und auch dafür brauchen wir Muße.*

Meine Lieblingsphilosophin Hannah Arendt unterscheidet in Anlehnung an die griechische und alteuropäische Tradition drei Bereiche der Arbeit und zwei Bereiche der Muße. Zum aktiven Leben, der *vita activa,* gehören die notwendige Sorge um den Lebensunterhalt, die nützliche Arbeit der Kultur und Kunst und schließlich die Politik, die für die griechische Zeit der Polis als Krönung des aktiven Lebens galt. Zum kontemplativen Leben, der *vita contemplativa,* gehören das selbstständige Denken, um das sich traditionell die Philosophen kümmern, und das Überschreiten des Denkens, das Anliegen von Mystikerinnen und religiösen Profis (Arendt 1958). Bis Mitte des 20. Jahrhunderts hatten nur wenige Menschen den Anspruch, mehr als einen dieser fünf Bereiche als Lebensschwerpunkt zu haben. Wer sich der Kunst und Kultur widmen will, braucht auch heute noch reiche Eltern oder Mäzene, den Mut zu einem sehr einfachen Leben oder einen Brotjob. Berufspolitiker waren bis zum Ende der Königsherrschaft in der Regel Adlige, und heute erhalten sie Diäten, damit sie sich die Beschäftigung mit der Politik leisten können. Auch für das philosophische Leben braucht es reiche Eltern oder Mäzene, und die Klöster finanzierten sich bis zu ihrer im Namen der Freiheit erzwungenen Enteignung, Säkularisierung genannt, durch Land-, Sach- und Geldspenden und durch politische Protektion.

Nur mit viel Muße finden wir heraus, was uns am Herzen liegt und wofür wir Zeit und Geld, Aufmerksamkeit und Kraft einsetzen wollen und wofür nicht. Die Klärung unserer Prioritäten bedeutet auch einen Verzicht auf Dinge, die uns zwar interessieren, die wir aber nicht alle unter einen Hut bringen. Das fällt vielen Menschen schwer, vor allem dann, wenn sie glauben, nicht gut genug zu sein. Mangel an Selbstwertgefühl ist eine der Triebfedern für ständiges Arbeiten und ein großes Hindernis für Innehalten und Muße.

Warum? Hier ein Bild, das mir vor über zehn Jahren sehr einleuchtete und mich so überzeugte, dass ich meine Aufgaben als Freiberuflerin um etwa fünfzehn Prozent in Zeitstunden reduzieren konnte. Meine Supervisorin sagte schlicht: Wenn Sie Ihr Wohnzimmer umräumen wollen, es aber vollgestellt ist mit Möbeln, müssen Sie zuerst einige Dinge aus dem Zimmer herausnehmen, damit Sie überhaupt Raum zum Umstellen haben.

MUSSE FINDEN ZUR KLÄRUNG DER PRIORITÄTEN

Zum aktiven Leben gehören drei Bereiche: die notwendige Sorge um den Lebensunterhalt, die nützliche Arbeit der Kultur und Kunst und die Politik.

Zum kontemplativen Leben gehören zwei Bereiche: das selbstständige Denken und Philosophieren und das Überschreiten des Denkens. Dafür brauchen wir Muße. Wir benötigen Zeiten ohne Druck für die Klärung unserer Prioritäten. Denn oft sehen wir den Wald vor lauter Bäumen nicht und müssen erst einmal für uns herausfinden, was uns wirklich wichtig ist.

Entspannung und Muße

Oft werden Entspannung, Faulheit, Muße und Müßiggang in einen Topf geworfen, und manche Menschen wissen nicht einmal mehr, wie man Muße schreibt, und verwechseln sie mit der Muse, die uns küsst – wenn wir im Muße-Modus sind. Wenn wir viel gearbeitet haben, brauchen wir einige Zeit, um »runterzukommen« und uns zu erholen. Diese Zeit gehört, wie die Fahrzeit, eigentlich zur Arbeitszeit dazu. Erholung ist notwendig, und zwar jeden Tag, denn sonst werden wir krank. Bleiben wir ständig im aktiven Modus (Sympathikus) – Achtung Gefahr! Der Tiger kommt! Leistung! Arbeit! –, werden wir krank, schlafen schlecht, haben Verdauungsbeschwerden und leiden unter Allergien.

Diese typischen Zivilisationskrankheiten haben viel damit zu tun, dass wir den Ruhe-Modus (Parasympathikus) kaum noch kennen. Wir brauchen ihn aber regelmäßig, damit sich unser Immunsystem regenerieren kann und Verdauung und Schlaf im eigenen Rhythmus funktionieren.

Dauerleistung macht krank. Wir brauchen jeden Tag ein bisschen Entspannung und Erholung, das heißt Zeiten und Räume, in denen wir nicht funktionieren müssen, sondern unseren eigenen Rhythmus spüren und in unserer Eigenzeit leben (Safranski 2017). Das war in vormodernen Gesellschaften nicht so notwendig, weil es *kollektive* Rhythmen von Arbeit und Erholung und Spiel gab. Religiöse Feste waren und sind ein Symbol für zweckfreies Dasein, ohne Leistung und Müssen, und Ausdruck eines tiefen Wissens, dass es mehr gibt als Arbeit und zählbare Ergebnisse und messbare Leistung.

Wir brauchen also Zeiten und Räume für Entspannung und Erholung von der Arbeit. Wenn diese Räume nicht mehr kollektiv definiert und für alle zugänglich sind, müssen wir sie selbst suchen und schaffen, und das ist nicht so einfach. Auf dem Land und in kleineren sozialen Verbänden, auch in manchen gewachsenen Stadtvierteln, gibt es immer noch Orte und Angebote, die Menschen zur gemeinsamen Entspannung und Erholung nutzen können.

Zentral ist aus meiner Sicht neben der *Zweckfreiheit* des Tuns dabei auch das Gefühl der *Zugehörigkeit,* die solche Räume bieten. Sportclubs, Vereine aller Art, Chöre und Nachbarschaftsgruppen können das vermitteln, wenn sie nicht nur auf Leistungssteigerung setzen. Fitnessclubs mit wechselnden Teilnehmern erfüllen diese Funktion eher nicht, da sie oft nur die Selbstoptimierung zum Ziel haben. Aber auch da gibt es Ausnahmen. Ich kenne Leute, für die ihr Fitnessclub mit Weihnachtsfeier und Grillpartys ein zweites Zuhause ist. Ob das »Abstellen« des Körpers auf Sportmaschinen, wo man gleichzeitig Nachrichten schaut, auch einen Entspannungseffekt hat, wage ich allerdings zu bezweifeln.

Wir können uns mit Bewegung und Tun, aber auch mit meditativen Methoden entspannen. Aber Meditation kann mehr. Sie kann in den Raum der Muße führen und uns einen neuen Blick auf uns und die Welt eröffnen. Reflexionen und Übungen dazu stelle ich vor allem im dritten Kapitel vor.

DIE NOTWENDIGKEIT DER ERHOLUNG

Erholung ist notwendig, und zwar jeden Tag, sonst werden wir krank. Bleiben wir ständig im aktiven Sympathikus-Modus, werden wir krank, schlafen schlecht, bekommen Verdauungsbeschwerden und Allergien.
Wir brauchen Zeiten und Räume für Entspannung und Erholung von der Arbeit. Wenn diese Räume nicht mehr kollektiv definiert und für alle zugänglich sind, müssen wir sie selbst suchen und schaffen.
Zentral ist neben der Zweckfreiheit des Tuns auch das Gefühl der Zugehörigkeit, die solche Räume der gemeinsamen Entspannung und Erholung bieten.

Drei Arten der Faulheit

»Wer keine Zeit hat für die wesentlichen Dinge im Leben, ist faul.«

Tibetisches Sprichwort

Entspannung ist eine zentrale Voraussetzung für Muße, eine Zeit, frei von äußeren und inneren Zwängen, in der wir einfach da sind, offen für die wesentlichen Dinge des Lebens. Wir können uns besser entspannen, wenn wir einsehen, dass wir nicht rund um die Uhr vor uns hin leisten können, und wenn wir sie nicht mit Trägheit oder Faulheit verwechseln.

Die buddhistische Tradition beschreibt drei Arten der Faulheit oder Trägheit, je nachdem, was dabei mitspielt: Trägheit aus Abwehr oder aus mangelndem Selbstvertrauen und ständige Geschäftigkeit aus unklaren Prioritäten. Diese Unterweisung hat mich von Anfang an elektrisiert, denn sie trifft für mich den Kern des Problems (Wetzel 2013, 1999).

Trägheit aus Abwehr: Die erste Art der Faulheit kennen wir alle. Wir sollten etwas erledigen und werden müde, wenn wir nur daran denken. *Depression* kann man in diesem Kontext als Widerstand gegen ungeliebtes Tun interpretieren und als Unklarheit darüber, was uns am Herzen liegt. Depression ist in diesem Sinne nicht einfach eine auf uns selbst gerichtete Wut oder Abwehr, sondern die Unfähigkeit, zu spüren und zu wissen, was uns wirklich wichtig ist. Das Heilmittel ist *Interesse* an dem, was anliegt, oder zumindest die *Einsicht,* dass wir das Auto waschen, den Abwasch erledigen und den Keller aufräumen müssen. Einsicht in den *Sinn* des ungeliebten Tuns kann diese Art von Trägheit überwinden.

Ein zweites Heilmittel für Trägheit aus Abwehr ist das *gemeinsame* Tun. Langweilige oder unangenehme Tätigkeiten werden leichter, wenn wir sie mit anderen zusammen erledigen.

Trägheit aus mangelndem Selbstvertrauen: Auch diese Art Faulheit kennen wir. Wir müssen komplizierte Formulare ausfüllen, das neue Textprogramm installieren, den Fernseher neu programmieren oder die Steuerunterlagen sortieren. Wir nehmen uns das vor und werden schlagartig müde. Das Heilmittel ist die »fortgesetzte *Hinwendung*« zu dem, was anliegt. Wenn wir eine Arbeit mehrmals gemacht haben, geht sie uns leichter von der Hand.

Ein zweites Heilmittel sind wieder andere *Menschen,* bei denen wir uns Rat holen. Wir müssen das Rad nicht neu erfinden und auch nicht alles können. Arbeitsteilung vereinfacht das Leben und sich Rat holen auch. Wenn wir uns Grenzen zugestehen, sind wir eher bereit, die Schwächen von anderen zu akzeptieren und ihnen unsere Hilfe nicht aufzudrängen, aber anzubieten.

Ständige Geschäftigkeit: Aktivismus und Geschäftigkeit als Faulheit zu bezeichnen ist eine sehr effektive paradoxe Intervention. Diese Definition hat mich ins Herz getroffen. Auch wenn ich als Kind zu Hause gelernt habe, dass Ausruhen, Feiern und Lesen sinnvoll und notwendig sind, so gehöre ich doch eher zu den tüchtigen und tätigen Menschen. Was ich auf keinen Fall wollte, war faul sein. Und jetzt kommen diese Buddhisten und nennen mein ständiges Tun Faulheit. Wow. Das ist eine kluge »weiße« Pädagogik.

Was ist damit gemeint? Wenn wir ständig im aktiven Modus sind, erfüllt von Pflichten und Aufgaben, spüren wir unser natürliches Bedürfnis nach einem rhythmischen Wechsel von Bewegung und Ruhe nicht mehr. Es geht nicht darum, ständig in der Ecke zu sitzen und Nabelschau zu betreiben. Sondern darum, immer wieder in aller Ruhe das, was wir tun, zu überprüfen: Ist es sinnvoll für mich? Für andere? Für das Wohl des Ganzen?

Wir müssen unser Tun immer wieder überprüfen, weil wir nur noch wenig kollektive Werte und keine organischen sozialen Rhythmen mehr haben, die diesen Wechsel fördern und begleiten. Ohne einen inneren Kompass, der uns sagt, was uns am Herzen liegt, und der für uns stimmig ist, neigen wir dazu, uns dem *anzupassen,* was die anderen von uns fordern. Oder unseren eingefahrenen *Mustern* zu folgen, die wir im Laufe unseres Lebens bewusst oder unbewusst von anderen gelernt oder in der Auseinandersetzung mit ihnen entwickelt haben.

UNTERSCHIEDLICHE AUSPRÄGUNGEN VON TRÄGHEIT

Es gibt drei Arten der Faulheit oder Trägheit, je nachdem, was dabei mitspielt: Trägheit aus Abwehr oder aus mangelndem Selbstvertrauen und ständige Geschäftigkeit durch unklare Prioritäten.

REFLEXION

Arbeit und Freizeit betrachten

Schauen Sie sich die letzten zwei, drei Wochen an. Was haben Sie, im Beruf und zu Hause, in der Arbeit und in der Freizeit, getan und was haben Sie nicht getan? Welche Arbeiten haben Sie nicht erledigt oder aufgeschoben?

- Weil Sie keine Lust dazu hatten?
- Weil Sie das nicht gut können?
- Weil Sie sich mit unwichtigen Dingen abgelenkt haben?

Exkurs: Sollen und Wollen

Auf zwei Gruppen von unrealistischen Ansprüchen an uns selbst und in der Folge auch meist an andere möchte ich hinweisen. Einige Psychologen unterscheiden zwischen Über-Ich-Ansprüchen und Ich-Idealen (Schmidbauer 1975), das heißt zwischen dem, was wir sollen, und dem, was wir selber wollen. *Wir übernehmen Über-Ich-Ansprüche von Personen, die wir als Autoritäten erleben und denen wir keine eigenen Interessen entgegensetzen können oder wollen. Widerstand ist anstrengend und gelingt nur, wenn wir eigene Anliegen höher schätzen. Das gibt uns den Mut und die Kraft, Ansprüche von anderen zu hinterfragen, sie bewusst anzunehmen oder abzulehnen und durch eigene Anliegen zu ersetzen.* Wenn andere starken Druck auf uns ausüben, weil sie mehr Macht haben oder wir unbedingt ihre Zuneigung und Anerkennung bekommen wollen, passen wir uns an. Manchmal werden wir wütend oder bleiben im Gestus des Widerstands stecken, denn es ist einfacher, etwas Bekanntes abzulehnen, als eine eigene Position zu formulieren. Es dauert, bis wir unsere eigenen Anliegen erkennen und formulieren können.

Mein Kunstlehrer am Gymnasium, ein experimentierfreudiger, etwas älter gewordener Halbstarker der 1950er-Jahre, gab uns Mitte der 1960er-Jahre einen guten Rat, den ich nie vergessen habe: »Ihr dürft andere nur dann kritisieren, wenn ihr es besser machen könnt.« Das meinte er zwar in erster Linie in Bezug auf unsere Bilder und plastischen Werke im Kunstunterricht, aber mit einem frechen Augenzwinkern auch bezogen auf die unangemessene Kritik von Lehrern an uns Schülern und im Hinblick auf die kleine und große Politik.

Ich-Ideale entwickeln wir in der Auseinandersetzung mit Familie und Autoritäten, mit Gleichaltrigen und durch Lektüre, Filme und alte und neue Medien. Wir lernen im Laufe unseres Lebens unterschiedliche Wertvorstellungen und Lebensmodelle kennen und wählen, als moderne autonome Persönlichkeiten, die Werte aus, die zu uns passen. Das meinen wir zumindest. Leider passen auch die selbst gewählten Vorstellungen nicht unbedingt zu uns, und das hat mit einem instabilen und unklaren Selbstbild zu tun. Erwachsenwerden ist anstrengend, denn wir müssen lernen, Verantwortung für unser Leben und für unsere Entscheidungen zu übernehmen. Das ist schon eine große Aufgabe, und herausfinden, was wir wollen und können, ist für viele eine Überforderung.

Das autonome Persönlichkeitsideal kann uns sehr inspirieren, wenn wir Freigeister sind und den Mut haben, uns unseres eigenen Verstandes zu bedienen und unsere Lebenserfahrungen ernst zu nehmen. Und wenn wir genügend Menschen kennen, mit denen wir uns über längere Zeit und mit Vertrauen reiben und austauschen, von denen wir lernen und mit denen wir ausprobieren können, was zu uns passt. Wir brauchen die Anerkennung von anderen unser Leben lang, aber auch Selbstvertrauen, um auf eigenen Füßen stehen zu können. Diese Balance ist schwierig, je weniger anerkannte Werte wir mit anderen teilen. Auf dem Weg zum Erwachsenwerden pendeln wir daher immer wieder zwischen Anpassung und Widerstand.

Je weniger Selbstvertrauen wir haben und je unsicherer wir sind, desto anspruchsvoller werden die Ich-Ideale, mit denen wir unser mangelndes Selbstvertrauen kompensieren wollen. Dann werden aus scheinbar selbst gewählten Ich-Idealen wieder Über-Ich-Ansprüche. Wenn wir Über-Ich-Ansprüche blind und unbewusst übernehmen und dann nicht erfüllen können, entwickeln wir leicht Schuldgefühle. Wenn wir selbst gewählte Ich-Ideale nicht erfüllen, schämen wir uns. In beiden Fällen passen wir uns noch mehr an, überfordern uns und arbeiten zu viel.

Die Zugehörigkeit zu zwei, drei Gruppen mit unterschiedlichen Menschen, mit denen man über einen längeren Zeitraum bestimmte Anliegen teilt – Familie, Nachbarschaft, Arbeitsplatz, Sport, Chor, Meditation, Ehrenämter usw. –, ist für die meisten Menschen ein geeigneter Kontext, in dem man die eigenen Fähigkeiten entdecken und pflegen kann. Aber auch dafür braucht man Zeit und Offenheit – also Muße.

VOM SOLLEN UND WOLLEN

Wir übernehmen Über-Ich-Ansprüche von Autoritätspersonen, denen wir keine eigenen Interessen entgegensetzen können oder wollen.
Ich-Ideale entwickeln wir in der Auseinandersetzung mit anderen.
Wir wählen die Werte, die zu uns passen, selbst aus.
Das autonome Persönlichkeitsideal kann uns sehr inspirieren, wenn wir Freigeister sind und den Mut haben, uns unseres eigenen Verstandes zu bedienen und unsere Lebenserfahrungen ernst zu nehmen.

»Ihr dürft andere nur dann kritisieren,
wenn ihr es besser machen könnt.«

Mein Schwarzwälder Kunstlehrer, ca. 1963

Wer entscheidet? Oder: das dreifache Gehirn

Wir verstehen besser, warum wir so selten tun, was wir wirklich wollen, und so oft das, was wir nicht möchten, wenn wir uns klarmachen, dass wir nicht nur aus klugen und edlen Gedanken, sondern auch aus gemischten Gefühlen und vielen Gewohnheiten bestehen. Die moderne Hirnforschung gibt uns dazu einfache Bilder und anschauliche Begriffe. Eine vereinfachte Beschreibung teilt das Gehirn in drei Bereiche ein: das neue Gehirn oder Neokortex, das Gefühls- oder limbische System und das alte Gehirn, das man auch sehr anschaulich Reptiliengehirn, Stammhirn oder Hirnstamm nennt. Sie heißen so, weil das alte Gehirn alt ist, sehr viel älter als der Mensch, und das neue Gehirn verhältnismäßig jung. Vor allem in seiner modernsten Variante des *Homo sapiens sapiens* gibt es das erst seit etwa zehntausend Jahren.

Was sind nun die Aufgaben der verschiedenen Hirnbereiche? Das neue Gehirn ermöglicht uns zu abstrahieren und zu denken, das limbische System kann schnelle Gefühlsentscheidungen – mögen und nicht mögen – treffen, und der Hirnstamm sorgt dafür, dass alles, was wir zum Überleben brauchen und was wir oft und viel getan haben, ohne Nachdenken und Wollen, wie im Schlaf funktioniert (Roth 2003, Armstrong 2006, 2012).

Mit dem neuen Gehirn können wir, neben denken und abstrahieren, vor allem vier Dinge lernen: *beobachten,* was wir sagen und tun; die langfristigen *Folgen* unseres Handelns abschätzen, *Komplexität* erahnen und auch emotional über unseren Tellerrand schauen, das heißt *freundliche Gefühle* nicht nur für unsere eigenen Leute, sondern sogar für Fremde und vielleicht sogar für Feinde entwickeln. Das ist aber nur möglich im Ruhe-Modus. Sind wir aufgeregt oder wütend, müde oder krank, funktioniert das neue Gehirn nur noch auf Sparflamme, und es kann in seinem Tunnelblick nur noch eins: das rechtfertigen, was wir gerade denken, sagen und tun.

Meditation und Achtsamkeit können uns helfen, den Ruhe-Zustand kennenzulernen und in ihm zu verweilen, und zwar immer und immer wieder. Nur in diesem Ruhe- oder Muße-Modus können wir die wunderbaren potenziellen Möglichkeiten des Neokortex entdecken und so stabilisieren, dass wir auch unter Druck nicht nur das denken, sagen und tun, was wir mögen und immer schon getan haben, sondern neue Verhaltensweisen ausprobieren können.

Wie bringen wir unsere schönen Vorstellungen und guten Vorsätze vom neuen Gehirn in unser System? Dazu brauchen wir Interesse, Muße und viel Wiederholung. Erst wenn wir das, was wir für richtig halten, schätzen und »mögen« und regelmäßig wiederholen, sinkt es in Leib und Seele, und dann tun wir es, freiwillig und mehr oder weniger mühelos.

DEN RUHE-ZUSTAND KENNENLERNEN

Mit dem neuen Gehirn können wir abstrahieren und denken, das limbische System kann schnelle Gefühlsentscheidungen treffen, und der Hirnstamm sorgt dafür, dass alles Lebenswichtige ohne Nachdenken funktioniert.
Durch Meditation und Achtsamkeit können wir den Ruhe-Zustand kennenlernen und in ihm verweilen. Dieser Ruhe- oder Muße-Modus erlaubt es uns, die Möglichkeiten des Neokortex zu entdecken und so zu stabilisieren, dass wir in Stresssituationen nicht nur das denken, sagen und tun, was wir mögen und immer schon getan haben, sondern neue Verhaltensweisen ausprobieren können.

Üben: immer und immer wieder tun

Die meditative Wiederholung von Sätzen und Abläufen, von Gedanken und Gefühlen, die wir für gut und richtig halten, ist ein in vielen Kulturen erprobtes Mittel, neue Informationen und Prozesse in unserem System zu verankern. In den traditionellen Kulturen Asiens nennt man das *Übung*. Die alteuropäische Bedeutung von *Meditation* bezieht sich auf die regelmäßige Wiederholung bestimmter Gedanken und Sätze, die man meditativ im Herzen bewegt. Schon vor zwanzig Jahren las ich, sprachlich völlig korrekt formuliert, in der *ZEIT,* dass die SPD gerade mal wieder über die Gesundheitsreform meditiert.

Und die alte Bedeutung von *Askese* ist nicht Fasten und Abhärten, sondern schlicht »Übung«. Es geht also darum, herauszufinden, welche Werte und Inhalte, Abläufe und Übungen wir für wichtig und hilfreich halten. Und dann darum, dafür Raum und Zeit zu schaffen. Es nützt nichts, wenn wir ungeliebte Übungen unter Leistungsdruck wiederholen. Das weckt nur Widerstand und Abwehr.

Wir brauchen Muße, Zeiten frei von äußeren Zwängen und geeignete Übungen, damit wir unsere inneren Zwänge erkennen und abbauen lernen. Wir brauchen zunächst einfach freie Zeiten ohne »Müssen« und ein paar Übungen, die zu uns passen.

Auch wenn ich empfehle, mit kurzen Übungsphasen von fünf bis zehn Minuten zu beginnen, reservieren Sie sich dafür ruhig eine gute Viertel- oder halbe Stunde. Dann können Sie vor der Übung und danach einfach ein wenig herumsitzen und nichts tun. Das kann man lernen. Und es öffnet mit der Zeit sehr viel Raum.

Da vermutlich die meisten Personen, die dieses Buch lesen, meditative Übungen kennen und viele meiner Bücher ausführliche Übungen enthalten, verweise ich hier nur auf einige wenige kulturneutrale Übungen, die auch für Menschen ohne besondere Vorkenntnisse geeignet sind (Wetzel 2014, 2015, 2017).

> »Übung macht die Meisterin.«
>
> *Sprichwort*

INNERE ZWÄNGE ERKENNEN UND ABBAUEN

Wir brauchen Muße, Zeiten frei von äußeren Zwängen und geeignete Übungen, damit wir unsere inneren Zwänge erkennen und abbauen lernen.

ÜBUNG

Zehn Grundübungen

Je fünf bis zehn Minuten einfach tun:

- Ein paar Minuten ruhig, stabil und aufrecht dasitzen, Löcher in die Luft gucken und die Seele baumeln lassen.
- Ein paar Minuten am Fenster stehen, ins Grüne schauen und den Körper leicht schütteln.
- Im Stehen bis auf Schulterhöhe leicht mit den Armen schwingen.
- Im Stehen die Arme leicht und rhythmisch nach rechts und links schwingen.
- Meditatives Gehen. Langsam und im Normaltempo.
- Den Körper spüren. Von oben nach unten. Das beruhigt.
- Oder von unten nach oben. Das aktiviert und weckt Energie.
- Momente der Freude erinnern.

- Dankbar auf die guten Bedingungen achten, die bereits da sind.
- Aufrecht sitzend den natürlichen Atemrhythmus spüren.
- Still sitzen und körperliche Empfindungen, Gefühle und reaktive Emotionen, Stimmungen und Gedanken locker beobachten.

Heilmittel für Unruhe: Innehalten und Bewegung

> »Wir sind unruhig, weil wir ständig etwas tun. Und wir tun ständig etwas, weil wir unruhig sind.«

Wenn man gewohnt ist, dauernd beschäftigt zu sein, fällt es schwer, ein paar Minuten gar nichts zu tun. Wir tun auch deshalb ständig etwas, weil wir Pausen oder Stille kaum mehr aushalten. Wir sind unruhig, weil wir immerzu etwas tun, aber wir tun auch ständig etwas, weil wir unruhig sind.

Daher empfehlen viele Entspannungsverfahren einfache körperliche Übungen, die ein paar Minuten lang wiederholt werden: langsames oder schnelles Gehen, mit den Armen schwingen, den Körper schütteln o. Ä. Sie haben den wunderbaren

Nebeneffekt, dass wir auf diesem Weg neben körperlichen Verspannungen auch emotionale und geistige Spannungen leichter bemerken und loslassen können.

Unruhe ist meist das Erste, was wir bemerken, wenn wir still sitzen. In meinen Kursen für Menschen aus sozialen Berufen war die erste Rückmeldung auf drei Minuten stilles Sitzen oft: »Ich halte die Stille nicht aus. Ich hätte schreiend rauslaufen können.« Ich hatte den Teilnehmerinnen die Aufgabe gegeben, dem natürlichen Atemrhythmus mit zwanzig Prozent Aufmerksamkeit zu folgen. Das war immer noch zu wenig Programm und zu viel »Nichtstun«.

Probieren Sie aus, was Sie motiviert, regelmäßig, das heißt vier, fünf Mal die Woche, eine kleine Übung zu wiederholen. Je vertrauter Sie mit der Übung sind, desto leichter fällt sie Ihnen.

Achtsamkeit: bemerken und erinnern

Achtsamkeit, engl. *mindfulness*, skrt. *sati*, hat zwei Bedeutungsdimensionen: *bemerken*, was geschieht, und *erinnern*, was heilt und hilft. Wenn Sie auf den Fluss von ein- und ausatmen achten, atmen Sie

nicht nur, sondern Sie bemerken, dass Sie atmen. Diese Fähigkeit haben alle Menschen ab dem Alter von etwa sieben Jahren, und sie macht Menschen zu etwas ganz Besonderem. Im Prinzip können wir lernen zu bemerken, was wir denken, sagen und tun. Das ist eine Fähigkeit des Neokortex, die wir gezielt schulen *können*, wenn wir das *wollen*.
Und wir *müssen* sie schulen, es sei denn, wir leben gerne im Autopilot-Modus und *wollen* einfach weiterhin das tun wollen, was wir immer schon getan haben. ***Wir müssen fähig sein, das, was wir denken, sagen und tun, zu bemerken und zu überprüfen, denn wir leben in einer verrückten Welt, die uns unablässig mit zu vielen, oft auch überflüssigen Informationen und Dingen überschüttet. Solange wir nicht bemerken, dass uns das überfordert, spielen wir das Spiel der Zerstreuung und Überforderung mit und fühlen uns ohnmächtig, weil wir nicht wissen, wie wir konstruktiv damit umgehen sollen.*** Wir müssen also zuerst *bemerken*, was wir erleben, und dann können wir *prüfen*, ob das gut für uns und andere ist. Und dann *erinnern* wir uns an Verhaltensweisen, die gut für uns und andere sind, und tun das auch. Wir erinnern außerdem Verhaltensweisen, die uns *nicht* guttun, und lassen sie ab und zu sein.
Solange wir unter Druck stehen, neigen wir dazu,

bekanntes Verhalten zu wiederholen, selbst wenn es uns schadet, und auch wenn wir bemerken, dass es uns schadet, machen wir trotzdem weiter, weil wir unter Druck in alte und älteste Verhaltensmuster zurückfallen.

Routineverhalten spart Energie, und es ist auch nützlich in schwierigen Situationen, wenn wir nicht wissen, was wir machen sollen. Als Dauermodus hält uns das in einem engen Käfig unserer Gewohnheiten gefangen und fördert Ohnmacht und Anpassung, die immer wieder in Ärger und Wut umschlagen und uns und anderen das Leben schwer machen.

UNSER VERHALTEN BEMERKEN UND VERÄNDERN

- Je mehr du etwas tust, desto mehr tust du es. Je weniger du etwas tust, desto weniger tust du es.
- Achtsamkeit hat zwei Bedeutungsdimensionen: bemerken, was geschieht, und erinnern, was heilt und hilft.
- Solange wir unter Druck stehen, neigen wir dazu, gewohntes Verhalten zu wiederholen, selbst wenn es uns schadet.

Äußere und innere Zwänge

Wir brauchen eine entspannte und wache Verfassung, um zu bemerken, was wir erleben, und zu erinnern, was hilfreich und heilsam ist, für uns und andere. Dieser entspannte und wache Muße-Modus ist der Raum, in dem wir eingefahrenes Verhalten überprüfen und neues Verhalten ausprobieren können. Wenn wir dann für eine Weile mit einer einfachen Übung still sitzen können, geschieht etwas, das wir nicht so gerne mögen. Wir entdecken schädliche Muster und innere Zwänge, all die vielen Varianten von »sollte, hätte, wäre, müsste«. Und wir können sie zwar erkennen, aber nicht sofort abstellen und durch konstruktives Verhalten ersetzen, auch wenn wir das noch so gerne würden. Viele hören nach solchen Erfahrungen auf mit dem Üben, denn sie denken: »Unangenehme Gefühle habe ich genug, dafür brauche ich mich nicht extra hinzusetzen.«

Ich möchte Ihnen jetzt zwei Übungen vorschlagen, die ich seit vielen Jahren immer und immer wieder mache und die ich auch deshalb richtig gerne mag, weil ich immer besser verstehe, wie ich ticke. Die Freude der Einsicht überwiegt die Ernüchterung und Enttäuschung, wenn ich mal wieder einer

»schlechten« Gewohnheit auf die Spur komme. Nach dem Motto: Einsicht sticht unangenehmes Gefühl.

Die beiden Übungen sind ein einfacher Weg, Auslöser und Trigger von außen zu erkennen und sie zu unterscheiden von Ihrer aktuellen Stimmung oder Verfassung und den Erwartungen und Mustern, die Sie von Ihrer Seite zu einem Konflikt beigetragen haben. Sie lernen, sie zu erkennen und damit umzugehen. Sie können nach diesem Modell sowohl unangenehme als aus angenehme Erfahrungen untersuchen.

ÜBUNG

Aufhänger, Stimmung, Hintergrund

Denken Sie an eine Situation, in der Sie sich über jemanden geärgert haben. Dann fragen Sie sich: Was war der *Aufhänger* oder Auslöser für diesen Ärger? Ein Verhalten, eine Aussage, der Ton einer Aussage? Und weiter: Was haben Sie mitgebracht in die Situation? In welcher *Stimmung* oder Verfassung waren Sie unmittelbar davor? Neutral, entspannt und guter Dinge oder müde und genervt? Was haben Sie sonst noch an *Erwartungen* und alten *Mustern* mitgebracht in die Situation? Was haben Sie von der anderen Person *erwartet?* Und was von sich selbst? Welches emotionale *Muster* wurde aktiviert? Kennen Sie das aus ähnlichen Situationen? Eine Variante dieser Frage ist: *Wie alt* sind Sie emotional, wenn Sie so reagieren?

Spielen Sie die Situation noch einmal mit leicht veränderten Bedingungen durch: Die Person ist eine gute Freundin. Sie sind entspannt. Sie fahren Ihre Erwartungen etwas herunter. Zum Schluss schauen Sie, ob sich etwas verändert, und falls ja, was?

Mit schwierigen Gefühlen umgehen

Denken Sie an eine Situation, die Sie irritiert oder verletzt hat. Formulieren Sie das Problem in einem Satz: »Du nervst.« »Ich bin sauer.« »Das ist ungerecht.« usw. Fragen Sie sich dann: »Welches *primäre* Gefühl steht dahinter?« Primäre Gefühle sind die, die *Sie selbst* empfinden, wie zum Beispiel: »Ich fühle mich einsam, ohnmächtig, wütend, traurig« o. Ä.

Sekundäre Gefühle argumentieren meist mit Schuldzuweisungen, wie zum Beispiel: »*Du* unterdrückst mich. Du bist schuld. Du lässt mir keinen Raum. Du siehst mich nicht« o. Ä.

Fragen Sie sich dann: »Wo spüre ich das Gefühl im *Körper?*« Sitzen Sie ein paar Minuten mit der Körperempfindung und der Wut, Trauer o. Ä. Dann fragen Sie das Gefühl: »Was *brauchst* du?« Hören Sie genau zu, was es Ihnen sagt: »Raum. Erlaubnis. Gehört werden.« usw. *Geben* Sie dem Gefühl alles, was es braucht, in ausreichender Menge.

Im nächsten Schritt relativieren Sie die Erfahrung, indem Sie sich klarmachen: »Das ist *ein* Gefühl unter vielen, die ich jeden Tag spüre.«
Zum Abschluss fragen Sie sich: »Welche *Sehnsucht* steht hinter diesem Gefühl? Eine heile Welt? Die Sehnsucht nach bedingungsloser Liebe, Akzeptanz, Wertschätzung durch die anderen?« Was auch immer Sie hören, nehmen Sie es freundlich zur Kenntnis.

Muße, Humor und Vertrauen

Auch wenn wir uns immer besser kennenlernen, werden wir keine neuen Menschen, denn wir haben eine bestimmte Biografie und leben in einer bestimmten Kultur. Wir können allerdings lernen, mit Problemen zu rechnen, unsere Erwartungen und Ansprüche, Selbstbilder und Vorurteile zu hinterfragen, Verhaltensmuster und reaktive Emotionen zu bemerken – und immer klüger damit umzugehen, nämlich so, dass wir weder uns noch anderen dadurch schaden. Ein wunderbarer Nebeneffekt dieser bodenständigen Art der Selbsterkenntnis ist Humor. Wir nehmen uns selbst nicht mehr so ernst, werden zumindest etwas großzügiger und toleranter, flexibler und freundlicher zu uns und zu anderen. Das ist der Schlüssel zu einem entspannteren Leben: Sei freundlich zu dir selbst, dann bist du freundlicher zu anderen. Das können wir lernen, wenn wir es aufrichtig wollen und häufig üben.

Selbsterkenntnis, Humor und Freundlichkeit sind die wunderbaren Folgen von Phasen der Muße, in denen wir zweckfrei und offen einfach da sind. Offen für das, was in uns und um uns herum geschieht, und zuversichtlich, dass wir damit umgehen können. Grundlage für den Mut, sich Zeiten der Muße zu nehmen, ist ein gewisses Maß an Vertrauen: zu anderen, zu sich und ins große Ganze, wie auch immer wir das nennen wollen: Gott, Natur, Leben, Kosmos usw.

Mußezeiten fördern alle drei Arten von Vertrauen. Wenn wir uns selbst mehr spüren, besser wissen, was uns am Herzen liegt, dem eigenen Rhythmus von Bewegung und Ruhe, von Arbeit und Muße, Aktivität und Ruhe mehr folgen, gewinnen wir mehr Selbstvertrauen. Und dann können wir uns mehr darüber freuen, wie andere Menschen ihr Leben gestalten. Und beides, Selbstvertrauen und Vertrauen in andere, stärkt unsere Zuversicht, und dann können wir dem großen Ganzen, der Welt, dem Kosmos, der Menschheit und der Natur mehr vertrauen. Und genau dieses große Vertrauen ins

Ganze brauchen wir, wenn wir in Krisen und Umbruchzeiten Verantwortung für uns und andere und für die Welt übernehmen wollen.

Das mag jetzt sehr einfach und verlockend klingen. Warum aber haben wir so selten den Mut, uns gegen überzogene Leistungsanforderungen zu wehren und Räume für uns und andere zu schaffen und zu gestalten, in denen wir ohne Druck und Zweckdenken miteinander sein können? Es gibt starke kulturelle Blockaden, und sie zeigen sich auch in Politik und Wirtschaft. Oder anders gesagt: Ich glaube nicht, dass uns die böse Wirtschaft und unfähige Politiker am guten Leben – mit sinnvoller Arbeit und Zeiten der Muße – hindern, sondern, dass Wirtschaft und Politik so sind, wie sie sind, weil wir im Griff von Angst und Unruhe stecken.

Wir sind *unruhig*, weil wir *zu viel tun*, und wir tun zu viel, weil wir unruhig sind. Es ist die alte Frage nach der Henne und dem Ei: Was war zuerst da? Die Unruhe oder die Geschäftigkeit? Die soziale Marktwirtschaft oder die Menschen, die sie gestaltet haben? Die neoliberale Deregulierung der Wirtschaft und der Finanzmärkte, der Abbau des Sozialstaates und die Selbstbegrenzung der Politik oder die Menschen, die sich das alles ausgedacht und dann auch umgesetzt haben?

Wir tun, was wir tun, weil wir denken und fühlen, was wir denken und fühlen. Ich halte es für möglich, dass Menschen, die genug haben von überzogenem Leistungsdruck und Konsumdenken und die nachhaltig und kooperativ leben wollen, die Bedingungen dafür schaffen können. Voraussetzung dafür ist allerdings, dass sie *runterkommen* von ihrer *Dauererregung* und bereit sind, sich in aller *Ruhe* und mit großer *Offenheit* mit anderen zusammenzusetzen und neue Wege zu finden und zu erfinden.

Das können wir allerdings erst dann, wenn wir unsere kulturellen Prägungen, Sichtweisen und Einstellungen *erkennen* und hinterfragen und neue Sichtweisen und Einstellungen *einüben*. Und auch das ist nur möglich, wenn wir das wirklich wollen und immer und immer wieder auch so *handeln*.

Im nächsten Kapitel möchte ich einige kulturelle Muster beschreiben, die dazu beitragen, dass wir im Hamsterrad der Moderne und Postmoderne mitrennen, auch wenn wir eigentlich darunter leiden. Und auch dazu, dass die Menschen, die wider besseres Wissen mitrennen, und die, die das nicht können, sich gegenseitig bekämpfen, statt gemeinsam die Spielregeln zu verändern.

IM GRIFF VON ANGST UND UNRUHE

- »Sei freundlich zu dir selbst,
  dann bist du freundlicher zu anderen.«
  Lama Thubten Yeshe
- Wirtschaft und Politik sind, wie sie sind, weil wir so sind, wie wir sind, nämlich im Griff von Angst und Unruhe.
- Wir tun, was wir tun, weil wir denken und fühlen, was wir denken und fühlen.
- Wir finden erst dann neue Wege, wenn wir unsere Dauererregung bemerken, davon herunterkommen und bereit sind, uns in aller Ruhe und mit großer Offenheit mit anderen zusammenzusetzen.

2

Kultur, Wirtschaft und Politik: ein Blick über den Tellerrand

Viele kennen vielleicht noch die Geschichte von Kain und Abel. Die beiden Söhne von Adam und Eva brachten Gott ein Opfer dar. Gott nahm das Tieropfer des Jägers Abel an, aber das Getreideopfer des Ackerbauern Kain nicht. Kain wurde von Neid ergriffen und ermordete seinen Bruder Abel. Als Gott ihn fragte, wo Abel sei, antwortete er: Bin ich der Hüter meines Bruders? Kain wurde dann verbannt, aber als Schutz vor der Rache seiner Mitmenschen von Gott mit einem Zeichen auf der Stirn versehen, dem Kainsmal. Das ist die Geschichte. Was will sie uns sagen?
Ich staune immer wieder, dass kluge Journalisten und Autorinnen sich auch heute noch über einen ungerechten Gott empören, der die Gerechtigkeit außer Kraft setzt und die Gaben des fleißigen

Ackerbauern Kain ablehnt, während er die Gaben des schweifenden Jägers und Sammlers Abel annimmt. Ich halte diesen Mythos nicht für einen Tatsachenbericht über einen ungerechten menschenähnlichen Gott, sondern für eine Verarbeitung der Erfahrung von Ackerbauern, die auch dann arbeiten müssen, wenn sie müde sind, wenn das Feld es braucht, und sich daher von Gott abgelehnt fühlen. Gottes wohlwollende Annahme des Opfers von Abel ist vielleicht eine idealisierte Erinnerung an das freie und scheinbar leichte Leben der Jäger, das seinen Lohn in sich trägt.

Verbannt ins Land Unrast

> »Und Gott verbannte Kain ins Land Nod,
> was Unrast heißt.«
>
> *Bibel*

Der Kieler Philosoph Ralf Konersmann (2014) interpretiert diesen Mythos in seiner Kulturgeschichte der Unruhe in diesem Sinne. Neu für mich war sein Hinweis auf das Land Nod, in das Kain verbannt wurde. Nod bedeutet »Unrast«, und Kain gilt als Stammvater der Ackerbauern und später der Städter, denn die Stadt ist seit ihrer Entstehung auch Sinnbild der Unruhe.

Wir sehnen uns nach der Stille der Natur, weil wir unter dem Lärm und der Unruhe der Städte leiden. Ich bin sehr froh, dass es Anfang der 1990er-Jahre, nach der Wende, endlich möglich war, nach Brandenburg aufs Land zu ziehen. Ich habe in den 1970ern in Berlin studiert und konnte damals meine Sehnsucht nach dem Land wenigstens in einer Spandauer Laubenkolonie erfüllen. Viele Bekannte aus Berlin sind wie wir ins Brandenburger Umland gezogen, und die ländliche Umgebung hat unser Lebensgefühl sehr verändert. Ich höre jetzt beim Schreiben die Vögel singen, und die Sonne wärmt meinen Rücken, denn ich sitze Mitte März am offenen Fenster zum Garten hin. Ich höre auch das leise Rauschen der Autobahn, denn der Berliner Ring ist nur fünf Kilometer entfernt, und in einer halben Stunde bringt mich die Regionalbahn zum Berliner Hauptbahnhof.

Wir haben ein gewisses Maß an Einfluss auf unsere Lebensbedingungen, und diesen Einfluss sollten wir nutzen. Natur und Land wirken anders auf uns als der Lärm einer Stadt. Auch in diesem Sinn ist die Welt ein Spiegel. Wir können in einem gewissen Ausmaß darüber entscheiden, in welchen Spiegel wir schauen wollen. In den Spiegel der Katastrophennachrichten und Schnipsel-Informationen oder in den Spiegel einer Wiese. Auch wenn man in der Stadt wohnt, kann man die Verbindung zur Natur erhalten. Das ist besonders leicht in Berlin, die als grünste Stadt Europas gilt. Man kann sich einen Park oder eine Wiese am Waldrand suchen und sich diesen Ort als ein zweites Zuhause in der Natur wählen. Wenn man ihn zu allen Jahreszeiten besucht, entsteht eine Verbundenheit, die das übliche Spazierengehen nicht wecken kann.

Ich habe Anfang der 1990er-Jahre im Frankfurter Grüneburgpark ein Buch von Thich Nhat Hanh übersetzt. Wann immer ich dieses Buch in die Hand nehme oder an Frankfurt denke, taucht dieser Park in meiner Erinnerung auf.

Orte in der Natur, die wir gut kennen, werden zu einem Seelenbild, das uns Kraft gibt, mitten im Lärm der Städte. Vielleicht bietet uns sogar die Digitalisierung die Chance zur Stadtflucht, so wie die Industrialisierung große Teile der Landbevölkerung im 19. Jahrhundert zur Landflucht bewegte. Krisen sind immer auch Chancen, wenn wir sie als solche nutzen können. Auch das fällt uns leichter, wenn wir immer mal wieder eine Pause einlegen.

> »Wir haben immer genügend Zeit.
> Wir nehmen uns nur zu viel vor.«

Die neuen Medien: Erregung und Erreichbarkeit

Früher musste nur das Personal ständig erreichbar sein. Heute fühlen wir uns überflüssig, wenn uns niemand erreichen will.

Seit der Ackerbaurevolution leben wir unter dem Diktat der Unruhe, die uns dann ergreift, wenn wir nicht mehr dem eigenen Rhythmus von Ruhe und Bewegung folgen können, sondern uns dem Arbeitsrhythmus anpassen müssen. Damit möchte ich nicht das Leben der Jäger- und Sammlerkulturen idealisieren. Sie lebten zwar in engerer Verbundenheit mit der Natur, aber das bedeutete auch in ständiger Gefahr.

Es scheint blinder Wahnsinn, wenn wir uns heute mit unseren ständig piepsenden und brummenden neuen Medien geradezu in diesen Urwaldmodus versetzen. ***Wir sind biologisch so gebaut, dass wir auf Geräusche achten, denn sie könnten Gefahr*** *anzeigen. Das halb bewusste Achten auf wahnsinnig wichtige Informationen versetzt uns in einen Erregungsmodus, der der Angst vor Gefahr ähnelt.* Warum tun wir uns das an? Ich kann gut verstehen, weshalb Menschen in eigens dafür konzipierten Kursen Abschalten lernen wollen. Das höre ich immer wieder, wenn ich Fortbildungen für Menschen in sozialen, therapeutischen und heilenden Berufen halte. Ich betone dann gerne, dass *uns* das Abschalten sicher leichter fällt, wenn wir regelmäßig die elektronischen *Medien* für einige Stunden abschalten und Internet-Fastentage einlegen.

Ein zweiter Punkt: Informationen sind eigentlich dazu da, unser Leben zu vereinfachen und uns Orientierung im Handeln zu geben. *Wenn wir aber mehr Informationen und Reize aufnehmen, als wir durch unser Handeln sinnvoll bewältigen können, geraten wir in einen Zustand der Übererregung, zu ständiger Erregungszufuhr statt Handlungsabfuhr.* Und das führt über kurz oder lang zu einer ungesteuerten Explosion, zu aggressivem Verhalten gegenüber Menschen, die uns stören oder überfordern, oder zu einem Zusammenbruch. Burn-out ist auch Ausdruck einer Überforderung durch zu viele Reize (Safranski 2015).

Ein dritter Punkt, der Innehalten und Muße verhindert, ist der Anspruch, *ständig erreichbar* zu sein. Früher musste nur das Personal ständig erreichbar sein. (Safranski 2003) *Was tun wir uns an, wenn wir freiwillig rund um die Uhr erreichbar sein wollen oder uns nicht wehren, dass wir erreichbar sein müssen?* Eine Personalchefin erzählte mir in einem Kurs, dass sie nach langen Verhandlungen in ihrer Firma endlich durchsetzen konnte, dass die Mitarbeiter*innen von Freitag- bis Sonntagabend nicht per Mail erreichbar sein müssen.

Warum gehen wir nicht auf die Barrikaden, wenn man von uns verlangt, ständig erreichbar zu sein? Meine Vermutung ist: Wir sind unruhig, weil wir ständig erreichbar sind, und wir stimmen der ständigen Erreichbarkeit zu, weil wir unruhig sind.

EINFACH MAL ABSCHALTEN

Als Hilfe zum Abschalten können wir regelmäßig unsere elektronischen Medien für einige Stunden abschalten und Internet-Fastentage einlegen. Ständiger Erregungszufuhr statt Handlungsabfuhr kann ungesteuertes aggressives Verhalten auslösen.

Philosophischer Exkurs: das autonome Persönlichkeitsideal

Lassen Sie sich bitte nicht von den folgenden philosophischen Überlegungen abschrecken. Mir liegt viel daran, Sie von der Vorstellung zu entlasten, Sie seien selbst an Ihrer Unruhe schuld.

Gesellschaftliche und kulturelle Bedingungen haben sehr viel mit der Art und Weise zu tun, wie wir leben und wie wir uns fühlen. Und viele Menschen haben in den letzten zwei Jahrhunderten schon über die Unruhe unserer Zeit nachgedacht und ihre zum Teil sehr klugen Gedanken aufgeschrieben. Sie können aber auch einfach weiterblättern bis zum Abschnitt über Gott und Teufel.

Ich habe am Ende des letzten Kapitels auf drei Arten von Vertrauen hingewiesen, die Muße fördern und die durch Muße gefördert werden: Vertrauen in andere, in uns selbst und ins große Ganze. Renaissance, Reformation und Aufklärung sind Ausdruck eines zunehmenden Selbstbewusstseins der Menschen, und sie haben unser Vertrauen, dass wir unser Schicksal in die eigenen Hände nehmen können, sehr gestärkt. Bis zur Moderne war dieses neue Selbstvertrauen vereinbar mit Vertrauen in andere Menschen und in die religiöse und philosophische Tradition und mit Gottvertrauen.

Noch Kant betont, dass der Verstand Grenzen hat und wir Gott nicht fassen können. Dieses Vermögen, die Grenzen des eigenen Wissens zu erkennen, nennt er Vernunft, und so kann er seine drei Kritiken im Vertrauen auf einen guten Gott schreiben, der der Welt wohlgesinnt ist.

Nietzsche verkündet dann den Tod Gottes. Allerdings weiß natürlich auch Nietzsche nicht, was Gott ist, und Hannah Arendt interpretiert seine These so: Die Vorstellungen, die wir uns über Gott machen, passen nicht mehr zu unserem Leben, Denken und Fühlen (Arendt 2001).

Wenn wir mit dem Mystiker Meister Eckhart aus dem 13. Jahrhundert und mit Kant begreifen und akzeptieren können, dass unser Verstand Grenzen hat, können wir uns an den Möglichkeiten unseres Verstandes erfreuen. Mit dem Mut, uns unseres eigenen Verstandes zu bedienen, können wir auch die Überlieferung der großen Religionen und Philosophen hinterfragen, im Vertrauen, dass das Leben uns trägt, auch wenn wir es niemals völlig verstehen können. Meine These lautet: Wer genug Vernunft besitzt und die Grenzen des Verstandes erkennt und akzeptiert, kann genau aus dem

Grund mit tiefem Vertrauen, mit Gottvertrauen leben, denn er weiß, dass er nicht weiß, was Gott ist und was Sinn und Grund des Lebens ist. Wer das entweder nicht begreift oder nicht akzeptieren kann, verliert sich leicht in gedanklichen Spekulationen – und sein Vertrauen ins Leben.

Das autonome Persönlichkeitsideal wird dann zu einer Überforderung, wenn wir *nur* noch auf die eigenen Kräfte setzen. Dann kritisieren wir die Tradition zu Tode und zerreißen tragende Mythen – über Gott und Kosmos, Natur, Leben und Sinn – in der dünnen Luft der Begriffe und Definitionen. Wir halten das Unfassbare, das die religiöse Tradition mit Ehrfurcht und Demut Gott nennt, für eine Demütigung des Verstandes und bezeichnen es und alles, was darauf hinweist, als Aberglauben.

Und dann stürzen wir in den Abgrund des Nihilismus und fühlen uns einsam und ohnmächtig in einem leeren, toten und sinnlosen Universum. Wir überfordern uns gnadenlos, wenn wir *glauben* (!), dass es nur auf uns Menschen ankommt, was aus uns und der Welt wird. Wir werden misstrauisch gegen uns selbst und unterstellen anderen, aus Ohnmacht und Wut, die Welt rücksichtslos und gezielt in den Abgrund zu reißen. Wer Angst hat und sich ohnmächtig fühlt, findet Verschwörungstheorien anziehend, denn sie suggerieren, dass doch jemand das Ganze im Griff hat: die neoliberale Wirtschaft oder das Finanzkapital, die bösen Politiker oder ganz nebulös und unfassbar – das System (Rickens 2015).

VERSTAND UND VERTRAUEN

- »Gott ist tot« bedeutet schlicht, dass die Vorstellungen, die wir uns über Gott machen, nicht mehr zu unserem Leben, Denken und Fühlen passen.
- Wer die Grenzen des Verstandes erkennt und akzeptiert, kann mit Gottvertrauen leben, denn er weiß, dass er nicht weiß, was Gott ist und was Sinn und Grund des Lebens ist.
- Das autonome Persönlichkeitsideal überfordert uns, wenn wir nur noch auf die eigenen Kräfte setzen. Dann kritisieren wir die Tradition zu Tode und zerreißen tragende Mythen – über Gott und Kosmos, Natur, Leben und Sinn – in der dünnen Luft der Begriffe und Definitionen.

Gott und Teufel und der Verlust der Transzendenz

Manchmal denke ich, der Begriff *System* ist ein säkular formulierter, aber billiger Ersatz für den verlorenen *Gott,* der allerdings nicht wohlwollend, sondern böse ist. Ist das schon Ausdruck von Überforderung und Ohnmacht? Vielleicht glauben Anhänger von Verschwörungstheorien heimlich und unbewusst an den Teufel? An solchen Fantasien wird deutlich, dass alte Mythen tiefe Wahrheiten enthalten, die wir allerdings nie verstehen, wenn wir sie wörtlich nehmen. Mythen sprechen in Bildern und Metaphern, und wenn wir sie verstehen, haben uns die Metaphern schon verwandelt. Darauf weist uns der griechische Begriff *meta phorein,* wörtlich »hinüber tragen«, hin.

Der Teufel war und ist vielleicht ein Symbol für die Erfahrung von Ohnmacht gegenüber der Übermacht triebhafter und egozentrischer Impulse. Die Kompensation dieser Ohnmacht durch einen überheblichen Verstand führt aber auch nicht zu einem guten Leben, denn der *Verstand* kann nur in Begriffen von Nutzen und Machbarkeit denken und ordnet die eigenen Erfahrungen, andere Menschen und die Welt in Gegensätze und Hierarchien. Der Volksmund weiß: Der Verstand ist ein guter Diener, aber ein schlechter Herr.

Gott war und ist für viele Menschen auch heute noch Symbol für eine *wohlmeinende* Kraft in uns und allen und in allem, die wir zwar nie fassen, auf die wir jedoch vertrauen können. Der gute Gott ist die Gewähr dafür, dass das Leben einen Sinn hat, auch wenn wir ihn immer nur stückweise erkennen. Das kraftvolle Bild eines *guten* Schöpfergottes, der die Menschen nach seinem Bilde schuf, als Mann und als Frau, kann die Zuversicht nähren, die wir in einer immer komplexeren Welt brauchen.

Gott ist auch aus dem Grund tot, weil der Verstand moderner Menschen den Gedanken nicht ertragen kann, dass es eine ihm überlegene Kraft und Intelligenz geben könnte, denn das würde seine Macherqualitäten relativieren. Auch strenge Atheisten glauben noch an einen Gott, der ihre Freiheit einzuschränken scheint, sonst müssten sie ihn nicht bekämpfen. Warum soll ich gegen etwas kämpfen, das es gar nicht gibt?

Verstand und Vernunft und der gute Gott

Kant traf genau den Punkt, als er *Verstand* und *Vernunft* unterschied. Der Verstand beschäftigt sich mit der fassbaren Welt und kann wunderbare Dinge erfinden, die unser Leben erleichtern. Die Vernunft sieht ihre Grenzen und lebt mit Zuversicht, denn sie weiß sich geborgen in dem, was größer ist als sie selbst. Und das gibt dem Leben Sinn (Arendt 1998). Sinn finden bedeutet in diesem Kontext, das eigene Leben in einen größeren Zusammenhang einordnen zu können. Der Berliner Philosoph Volker Gerhardt nennt Gott das Symbol für den Sinn des Sinns (2014). Die Metapher Gott erfüllt dann ihren Zweck, wenn sie uns »hinüberträgt« in eine Zuversicht jenseits von Worten und Begriffen, in ein Vertrauen, das uns trägt, was auch geschieht.

Wer glaubt, alles allein schaffen zu müssen und die Herausforderungen einer komplexen Welt ausschließlich mit dem Verstand meistern zu müssen, überfordert sich gnadenlos. Und auch die Zusammenarbeit vieler wohlmeinender und kluger Menschen mit der von ihnen erschaffenen künstlichen Intelligenz reicht nicht aus. Es braucht eine Zuversicht, die man nicht in Worten und auch nicht in mathematischen Formeln oder in Bits und Bytes formulieren kann. Es braucht alle drei

Arten von Vertrauen, um ein gelingendes Leben zu führen: in andere Menschen, in sich selbst und in das große Ganze, das uns trägt, auch wenn wir nicht verstehen, wie das geschieht.

> »Der Verstand ist ein guter Diener, aber ein schlechter Herr.«
>
> *Sprichwort*

Viele moderne und postmoderne Menschen können für das *große Ganze* nicht mehr das alte Symbol *Gott* verwenden. Wir müssen ausprobieren, welche Begriffe und Bilder uns noch erreichen. Ich freue mich immer sehr, wenn ich in säkularen Ansätzen Hinweise auf das große Ganze in einer ganz neutralen Sprache finde, wie zum Beispiel *Resonanz* als Grundprinzip allen Lebens (Jantsch 1984) oder das Quantenfeld als *Feld aller Möglichkeiten* (Dürr 2001, 2010).

Wichtig ist hier vielleicht ein Hinweis auf die Bedeutung des Begriffs *Symbol*. Symbole sind für den Schweizer Tiefenpsychologen C. G. Jung keine rational fassbaren *Zeichen*, sondern haben, solange sie wirksam sind, einen *Doppelcharakter*. Sie enthalten einen *fassbaren* und einen *unfassbaren* Anteil. Der fassbare Anteil, ein Bild oder Elemente unserer sinnlichen Welterfahrung, regt unseren Verstand an, neue Möglichkeiten zu erkunden und Mut zu fassen. Und der nicht fassbare Anteil spricht unsere Tiefenschichten an, fördert unsere Imaginationskraft und weist uns nachdrücklich auf die Grenzen unseres Verstandes hin.

Alte Mythen und Symbole bleiben lebendig, solange wir uns von ihren unfassbaren Anteilen berühren lassen. Wenn wir genau *wissen,* was das Symbol eigentlich bedeutet, verliert es seine Kraft, unseren Horizont über das Bekannte hinauszutragen. Gott ist für *die* Menschen tot, die Gott nicht mehr als Symbol für das große Ganze und seinen Sinn erkennen können und ihn reduzieren auf die Figur eines übermächtigen Vaters oder Herrschers, der die Welt nach den Vorgaben einer Priesterkaste formt und unterdrückt. Muss man gegen einen Papiertiger oder eine Karikatur kämpfen? Wer glaubt, dass es nur Menschen mit freiem Willen und einem klugen Verstand gibt, kämpft nicht mehr gegen Gott, sondern arbeitet Tag und Nacht, um die komplexe Welt und die anderen Menschen nach seinem eigenen Bild zu formen. Und was kommt dabei heraus? An Maschinen angepasste Menschen, die sich unterordnen und gnadenlos überfordern.

DIE MACHT DER SYMBOLE

Symbole sind lebendig, solange wir uns von ihren unfassbaren Anteilen berühren lassen. Wenn wir genau wissen, was das Symbol bedeutet, verliert es seine Kraft, unseren Horizont über das Bekannte hinauszutragen.

Entspannung und Muße statt Angst und Gewalt

Das Tempo der Modernisierung hat im Zeitalter der Globalisierung in einem Maße zugenommen, das die meisten Menschen kaum verkraften, geschweige denn verarbeiten können (Safranski 2003). Wir brauchen verlässliche und konkrete Zusammenhänge mit anderen *Menschen,* mit Familie und Freundinnen und Bekannten, mit Nachbarn und Arbeitskolleginnen, vertraute *Orte,* an denen wir uns zu Hause fühlen, und *Anliegen,* die uns wichtig sind, damit wir im Strudel des Neuen nicht untergehen. ***Die Vertrautheit mit konkreten Menschen und Orten, Anliegen und Abläufen nährt und stärkt unser Vertrauen ins Leben Tag*** *für Tag. Und Entspannung und Muße öffnen uns die Räume, in denen uns Vertrautheit mühelos zu tiefem Vertrauen führt.*

Wenn wir regelmäßig innehalten und uns für einige Zeit den Dingen widmen, die uns am Herzen liegen, können wir das Auf und Ab eines unruhigen und unsicheren Lebens besser aushalten und leichter verarbeiten. Wenn wir uns diese Zeiten für das Wesentliche nicht gönnen, verhungern und verdursten wir emotional und geistig. Wenn wir unter Druck stehen und unsicher sind, werden kleine Aufgaben riesengroß, und große Aufgaben oder Veränderungen überfordern uns und machen Angst. Wer Angst hat, fühlt sich ohnmächtig, und das mag niemand. Hält die Angst lange an oder taucht sie immer wieder auf, suchen wir nach Schuldigen, und die werden wir immer finden. Denn wir sind biologisch so programmiert, dass wir bei Gefahr den Schutz unserer Sippe suchen und alles, was fremd ist, vergrößert die Angst nur.

Da Menschen unterschiedlich sind, finden wir sogar in relativ homogenen Gesellschaften immer *Sündenböcke,* und in modernen Städten ist die Auswahl noch größer. Wir können das mit einem kleinen Experiment leicht herausfinden. Wir fragen Angehörige und Bekannte, Nachbarn und Kolleginnen, wer aus ihrer Sicht schuld ist an den

Problemen unserer Zeit, bzw. in einer neutraleren Formulierung, wer dafür verantwortlich ist: die Reichen oder die Armen, die schlitzohrige Oberschicht oder die faule Unterschicht, die selbstgefälligen Regierungspolitiker oder die schwache Opposition, die Wirtschaft oder die Flüchtlinge, die konservativen deutschen Spießer oder die Migranten usw.

Wer Angst hat, sucht einen Sündenbock und wird ihn garantiert finden. Auch wenn nicht alle ängstlichen Menschen gewalttätig werden, so ist doch die gefühlte Ohnmacht meist ein schneller Weg zumindest zu rhetorischer Gewalt (Rickens 2006).

UNRUHE UND ANGST

- Wenn wir uns keine Zeiten für das Wesentliche gönnen, verhungern und verdursten wir emotional und geistig.
- Wer Angst hat, fühlt sich ohnmächtig, sucht einen Sündenbock und findet ihn garantiert.

REFLEXION

Die Schuldfrage

- Wer ist schuld an den Problemen unserer Zeit?
- Welche Probleme finden Sie besonders wichtig? Wer ist schuld daran?
- Was können Sie tun oder lassen, um zu einer Verminderung dieses Problems beizutragen? Was können Sie mit anderen zusammen dafür tun?

Vom Gegeneinander zum Miteinander

Wir können die Globalisierung nicht rückgängig machen, wir können aber lernen, anders mit ihr umzugehen. Möglichkeiten, ihre Vorteile zu genießen und ihre Nachteile zu reduzieren, können wir nur gemeinsam herausfinden, zusammen mit vielen Menschen, die bereit sind, das große Ganze im Blick zu behalten und nicht nur Vorteile für die eigenen Leute herauszuschlagen.

Solange wir lediglich unsere Haut retten wollen, werden wir mit anderen, die das auch wollen, kämpfen. Das ist der Modus der Stammeskrieger:

wir gegen euch. Damit wir diese Kämpfe um den eigenen Vorteil moralisch rechtfertigen können, müssen wir die anderen schlechtmachen und ausgrenzen. Dann dürfen wir im Namen der Guten gegen die Bösen kämpfen. Im Stammes-Modus sind wir immer umgeben von Konkurrenten, die bloß ihren eigenen Vorteil im Sinn haben.

Im Modus des »ihr-wir« werden die Begriffe gut und böse zugeschrieben und unterschiedlich verteilt, je nachdem, auf welcher Seite man selbst steht. Aus Sicht der Linken und der Alternativ-Szene kämpfen in Berlin die guten Autonomen gegen die bösen Rechten, die guten Hausbesetzer gegen die bösen Immobilienspekulanten oder – in einer anderen Sichtweise – eben umgekehrt. Die guten Unternehmer bemühen sich, die Wirtschaft nach diversen Krisen am Laufen zu halten, und die bösen Gewerkschaften fordern zu hohe Löhne. Immerhin gibt es bei Arbeitskämpfen die Institution der Schlichtung, denn lange Arbeitskämpfe kosten für beide Seiten zu viel.

Im Modus des »ihr-wir« gibt es keine Lösungen für wirtschaftliche und soziale, religiöse und politische Konflikte.

Wie kommen wir vom Modus des »ihr-wir« zum »wir«? Wir alle müssen lernen, *miteinander* zu reden, statt uns mit Waffen zu bekämpfen. Kämpfe mit Worten sind weniger kostspielig als Kriege, und von daher sind die hohen Kosten für Krisengespräche, zum Beispiel im Rahmen der EU und der UNO, immer gerechtfertigt und sinnvoll eingesetzt. Was können Gespräche bringen? Ist nicht irgendwann mal Schluss mit dem ganzen Gerede? Muss man nicht früher oder später handeln? Ja sicher, wir müssen handeln, die Frage ist nur: Welches Handeln *verringert Probleme,* statt sie zu verschärfen und zu vergrößern?

IM MODUS DER KRIEGER

Solange wir nur unsere Haut retten wollen, werden wir mit anderen, die das auch wollen, kämpfen. Das ist der Modus der Stammeskrieger: wir gegen euch.
Im Modus des Gegeneinander, der »ihr und wir« gibt es keine Lösungen für wirtschaftliche und soziale, religiöse und politische Konflikte.

REFLEXION

Probleme verringern

Welches Handeln reduziert Probleme, statt sie zu verschärfen und zu vergrößern? Denken Sie an ein, zwei Probleme im privaten Umfeld, in Wirtschaft und Politik. Welches Vorgehen kann Probleme verringern?

Runde Tische und viele Perspektiven

Damit wir in Krisengesprächen nicht endlos lange mit Worten kämpfen, brauchen wir die Fähigkeit, die Perspektive der anderen einnehmen zu können. Wir müssen sie weder richtig finden noch rechtfertigen oder übernehmen. Wir müssen sie aber *verstehen*. Und nichts kann da das vertrauensvolle Gespräch unter Menschen, die sich achten, ersetzen. Menschen sind und bleiben wichtiger als Argumente.

Damit runde Tische Erfolg haben, braucht es zumindest einige Teilnehmer*innen, die ihren *eigenen* Standpunkt gut kennen und Interesse an den Standpunkten der *anderen* haben. Interesse ist ein ziemlich sicherer Weg zum Wechsel der Perspektive. Wenn wir das häufiger tun, lernen wir mehrperspektivisch denken, und das ist eigentlich die Voraussetzung für ein demokratisches Miteinander. Demokratie bedeutet nicht die direkte Herrschaft des ganzen Volkes, also aller Menschen, die in einem Staat oder einer seiner Teilregionen leben. Demokratie bedeutet auch nicht die Durchsetzung der Interessen der Mehrheit, sondern die Fähigkeit, sich mit *Menschen im Plural* darüber zu verständigen, wie man in der gemeinsamen Welt leben will: in Gemeinde oder Stadt, im Landkreis oder in einem Bundesland und schließlich in einem bestimmten Land. Demokratie bedeutet, wir verständigen uns miteinander und haben das Interesse aller Menschen im Land im Auge, auch das der Minderheiten, und nicht nur die Interessen einer bestimmten Gruppe, nämlich unserer Leute.

Muße, der Neokortex und die Demokratie

Ich habe im ersten Kapitel das Bild des dreifachen Gehirns erwähnt und betont, dass das neue Gehirn potenziell wunderbare Fähigkeiten entwickeln kann. Allerdings gelingt das nur im *Ruhe-Modus*. Einige Ethnologen und Historiker gehen davon aus, dass die Entwicklung des Neokortex vor ungefähr zehntausend Jahren möglich wurde, als einzelne Gesellschaften genug Nahrung hatten, um einige Menschen von der Nahrungsbeschaffung zu befreien (Diamond 2006, Morris 2011).

Wer sich nicht um den Lebensunterhalt kümmern muss, hat genügend Raum und Zeit, das heißt Muße, um über »Gott und die Welt« nachzudenken. Ich fasse die wichtigsten Fähigkeiten des neuen Gehirns noch einmal kurz zusammen: Neben der Fähigkeit zu denken und abstrakte Vorstellungen zu bilden, können wir folgende wunderbare Fähigkeiten entwickeln: beobachten, was wir denken, sagen und tun; die Folgen des Handelns abschätzen; Komplexität erahnen und freundliche Gefühle gegenüber Fremden entwickeln, das heißt für Menschen, die nicht zur eigenen Sippe bzw. zum eigenen Stamm gehören.

Mir leuchtet die These ein, dass man Muße braucht, um sich und andere genau zu beobachten. Muße *und* großes *Interesse,* denn ohne Interesse an inneren Prozessen wird man sich in freien Zeiten vermutlich eher mit den konkreten Dingen in der Welt, mit anderen Menschen befassen oder sich kluge Gedanken machen. Das alles ist möglich mit den neokortikalen Grundfähigkeiten der Abstraktion und des Denkens.

Sich selbst genauer beobachten ist eine andere,

weit anspruchsvollerer Form geistiger Arbeit. Vermutlich entdeckt man die Fähigkeit, mit sich selbst in den Dialog zu treten, in Analogie zum äußeren Gespräch mit Menschen. Das ist ein erster Schritt zum mehrperspektivischen Denken. Sokrates gilt für die europäische Tradition als der Begründer dieser Kunst des inneren Gesprächs. Mit dieser Fähigkeit können wir die *Spannung* zwischen zwei unterschiedlichen Blickwinkeln *aushalten* und sie gegeneinander abwägen. Es mag manchmal eine Weile dauern, bis wir uns für ein konkretes Vorgehen entschließen können, aber diese Vorsicht ist in vielen Fällen, vor allem wenn es um neue Situationen geht, angemessener, als einfach das zu tun, was wir immer schon getan haben. Nachdenken und beobachten dauern einfach länger als handeln im Modus des Autopiloten. Sich selbst hinterfragen braucht mehr Zeit, als unsere Mitmenschen mit eingefleischten Vorurteilen und reaktiven Emotionen zu bedenken.

Wir brauchen also Muße, Interesse und Geduld, wenn wir uns selbst beobachten wollen. Und sehr viel Selbstvertrauen, denn wenn wir genauer hinschauen, entdecken wir vermutlich auch Gedanken und Gefühle, reaktive Muster und Verhaltensweisen, die nicht zum Kodex unserer Gruppe und auch nicht zu den eigenen Vorstellungen passen.

Ich gehe davon aus, dass Zeiten der Muße, frei von äußeren Zwängen, es ermöglichen, zum einen die inneren Zwänge zu erkennen, aber auch eigene Wünsche, Vorlieben und neue Möglichkeiten. Muße-Zeiten fördern also auch die Individualisierung, die Fähigkeit und den Mut, sich seines eigenen Verstandes zu bedienen und Verantwortung für das eigene Handeln »in Gedanken, Worten und Werken«, mit Körper, Rede und Geist zu übernehmen. Wir können natürlich auch als Gruppe Verantwortung für eine Aufgabe übernehmen, aber das gelingt nur dann, wenn die einzelnen auch bereit sind, ihren Teil der Verantwortung zu tragen.

Ich betone die Bedeutung der Muße so sehr, weil ich sie für die zentrale Voraussetzung dafür halte, in schwierigen Zeiten alte Verhaltensweisen überprüfen und neue Wege suchen zu wollen und sie finden zu können. Und da es nicht genügt, wenn wir alleine im stillen Kämmerlein vor uns hin denken, müssen wir fähig sein, in aller Ruhe und respektvoll mit anderen Menschen über die gemeinsame Welt zu reden, ihre Perspektiven einzunehmen und zu verstehen und mit Blick auf die gemeinsame Welt zu einer Verständigung zu kommen.

Wenn wir uns ohnmächtig fühlen oder verzweifelt sind, wütend oder enttäuscht, wenn wir unter

Druck stehen oder unsere Sicht für die einzig richtige halten, sehen wir nur unsere eigene Perspektive und finden die anderen dumm oder arrogant, hinterhältig oder intrigant oder einfach böse. Und dann bleibt uns ja nichts anderes übrig, als sie zurechtzuweisen, sie zu bestrafen oder – leider, leider – mit aller Kraft zu bekämpfen.

WAS MUSSE BEWIRKT

- Muße-Zeiten fördern die Individualisierung, die Fähigkeit und den Mut, sich seines eigenen Verstandes zu bedienen und Verantwortung für das eigene Handeln zu übernehmen.
- Muße ist eine zentrale Voraussetzung, um in schwierigen Zeiten alte Verhaltensweisen zu überprüfen, neue Wege suchen zu wollen und finden zu können.

ÜBUNG

Spielen mit »müssen« und »Muße«

Wenn Sie das nächste Mal denken, sie müssten unbedingt dies oder jenes tun, dann nehmen Sie sich ein paar Minuten auf der Couch oder am Küchentisch und spielen Sie –

gerne mit Bleistift und Papier – mit den Begriffen »müssen« und »Muße«. Nehmen Sie die beiden Punkte über dem »u« von »müssen« und jonglieren Sie in Gedanken damit ein wenig. Sie können sich das »n« von »müssen« als Schale vorstellen, in der Sie die beiden »ü-Punkt-Bälle« immer wieder auffangen. So wird aus dem müssen ganz schnell Muße. Probieren Sie es einfach aus.

Strenger Vater oder Fürsorge und Verantwortung

Zum *Hinterfragen* dessen, was wir denken und sagen, brauchen wir Zeit. Und zwar *zweckfreie Zeiten*, Muße-Zeiten, in denen wir, allein und zusammen mit anderen, in aller Ruhe spannende und aufschlussreiche Bücher lesen und unsere eigene Vision der mitfühlenden und gerechten Gesellschaft entdecken und positiv formulieren lernen. Es ist einfacher, alten Wein in neue Schläuche zu gießen und sich im Bekannten zu bewegen, als einen frischen neuen Blick auf sich und die anderen und die ganze Welt zu richten.

Wir brauchen Muße, wenn wir neue Begriffe und Bilder finden wollen, die unsere Anliegen so ausdrücken, dass sie uns aus unserem eingefahrenen Blick auf die Dinge und unserer alten Gewohnheiten herausführen können. Denn unsere Bilder und Begriffe prägen unser Erleben mehr, als wir denken. Dazu ein Beispiel aus den USA, das sich wie ein Kommentar zur Situation Anfang 2017 unter dem neuen Präsidenten Trump liest.

Der US-amerikanische Linguist George Lakoff und die aus Hamburg stammende Neurolinguistin Elisabeth Wehling (2016) untersuchten in den Nullerjahren die Wirkung von Metaphern in der politischen Welt und zeigten am Beispiel der USA, dass Demokraten und Republikaner zentrale Begriffe unterschiedlich interpretieren. Ähnlich wie Jonathan Haidt (2012) stellten sie fest, dass hinter den Interpretationen unterschiedliche Weltbilder stehen. Lakoff und Wehling sprechen von »Strenger-Vater-Sicht« und der Sicht der »Fürsorge-und-Verantwortung«. In anderen Worten denken Republikaner im »ihr-wir«-Modus und Demokraten eher inklusiv im »wir«-Modus, wobei sie die Republikaner und ihre Anhänger leider aus dieser inklusiven Sicht ausschließen. Das ist das Grundproblem jedes politischen Konflikts. Im »ihr-wir«-Modus finden wir keine Lösung, die für alle Beteiligten gut ist. Es geht dann nicht um eine Win-win-Lösung für beide Seiten, sondern um Sieg oder Niederlage im klassischen Modus der Stammeskrieger.

Republikaner betonen Disziplin und Leistung, Macht und Stärke und glauben an den Mythos, dass jeder Tellerwäscher Millionär werden kann, wenn er sich nur genügend anstrengt. Aus ihrer Sicht sind Steuern eine Art Strafe für die hart arbeitenden Menschen, und Sozialpolitik verhindert den Aufstieg der Schwachen. Sie fordern den schlanken Staat und betrachten Gesetze und Regeln als Eingriffe in ihre Freiheit. Und sie blenden die großen Vorleistungen des Staates für die Infrastruktur von Straßen und Schulen, Verwaltung und Schutz usw. aus. Für Demokraten stehen Fürsorge für Minderheiten und Schwache im Vordergrund, sie geben nicht ihnen die Schuld an ihrer Lage, sondern sehen die Ursachen für Armut und Arbeitslosigkeit eher in den wirtschaftlichen und politischen Strukturen (Lakoff, Wehling 2016).

Haidt erklärt sich den relativen Erfolg der Republikaner damit, dass sie fünf eher konservative Anliegen betonen: *Fürsorge* und *Loyalität* gegenüber der *eigenen* Gruppe und der Nation, Sinn für *Autorität* und Hierarchie, Wertschätzung der *Religion* und schließlich die *Freiheit vor* staatlicher Bevormundung. Demokraten lehnen diese fünf Anliegen eher ab und sprechen nur zwei Themen an: *Freiheit* als radikale Autonomie *gegenüber* Autoritäten und Hierarchien und Gerechtigkeit im

Sinne der *Solidarität* mit Minderheiten und sozial Benachteiligten.

Wie können Menschen, die die Rolle der Einzelnen und des Staates im Hinblick auf Freiheit und Gerechtigkeit so unterschiedlich interpretieren, jemals gemeinsam Lösungen finden? Man kann Konflikte dieser Art nur lösen, wenn einige am Konflikt Beteiligte das Problem sehen und verstehen. Und dafür setzen sich alle drei genannten Autoren ein. Es braucht für eine Aussöhnung und Kooperation von Republikanern und Demokraten in den USA also konkrete Personen aus beiden Lagern, die das Lager-Denken erkennen, verstehen und es überwinden wollen.

Was Worte und Bilder bewirken

Elisabeth Wehling spricht in ihrem neuen Buch *Politisches Framing* (2016) über die unterschiedlichen Bedeutungskontexte (engl. *frame*), die durch Begriffe aktiviert werden, und sie verdeutlicht das am Beispiel zentraler Themen der aktuellen Politik in Deutschland wie Steuern und Flüchtlinge usw. Sprachbilder und ihre Wirkungen sind uns in der Regel nicht bewusst.

Auf *ein* Beispiel für die fatalen Folgen eines unbewussten Sprachgebrauchs möchte ich nur kurz hinweisen: die Steuerfrage. Wenn wir uns beispielsweise für das Austrocknen von Steuer*oasen* und die Verfolgung von Steuer*flüchtlingen* aussprechen, bleiben wir im *konservativen Framing,* das Steuern als Last interpretiert und die Flucht davor als *moralisch* richtig, denn der Begriff »Flüchtling« weckt die Assoziation von Not und Unrecht. Und schließlich landen die reichen Steuerflüchtlinge dann in einer wunderbaren Oase, wo sie endlich in Ruhe leben und genug trinken können. Und die Menschen, die Steueroasen betreiben, sind natürlich moralisch im Recht, denn sie bieten den Flüchtlingen Zuflucht und Schutz vor der lebensbedrohenden Wüste des unzumutbaren staatlichen Steuerrechts.

Wir müssen darauf achten, welche Metaphern und Bilder wir benutzen und welche Folgen sie haben. Wenn wir gegen Steuererleichterungen und Steuerparadiese oder Steuerschlupflöcher kämpfen, bestätigen wir ungewollt diese Bilder. Vielleicht können wir neue Zusammenhänge herstellen zwischen der *Einwanderung* von Menschen aus politischen und wirtschaftlichen Krisengebieten und den reichen Menschen, die sich der *gerechten Besteuerung entziehen* und so unser Verständnis und die

Metaphern für Flüchtlinge und Steuern um einige Dimensionen erweitern.

REFLEXION

Neue Leitmetaphern

Wir können Elisabeth Wehlings Buch *Political Framing* lesen und unser politisches Vokabular auf seine unbeabsichtigten Folgen überprüfen. Oder über die folgenden Begriffe nachdenken und schauen, welche Assoziationen sie wecken und welche Haltungen sie fördern oder blockieren:

- Steuererleichterungen gewähren oder Steuerbeiträge einfordern
- Steuerasyl in Steueroasen gewähren
- Unberechtigte Steuervermeidung gesetzlich einschränken
- Islamophobie verurteilen oder Islamfeindlichkeit genau benennen
- Einen Krieg gegen Terror (Angst!) führen
- Kriminelle Handlungen auch in der Politik verfolgen

Begegnung braucht Muße

Ich kann mir kaum vorstellen, dass konstruktive Begegnungen möglich sind, wenn alle Beteiligten ständig unter Druck stehen und keine Zeit zum Nachdenken haben. *Wir brauchen Zeiten der Muße, damit wir die anstehenden Probleme genau anschauen können und die eigenen Standpunkte und die der anderen erkennen und verstehen. Wir brauchen Muße, damit wir die Grenzen unseres Denkens bemerken und anerkennen können, und wir benötigen sehr viel Vertrauen und Zuversicht, um auch dann Lösungen zu finden, wenn wir nicht wissen, was das Beste für alle Beteiligten ist. Wir brauchen Muße, damit Vertrauen und Zuversicht in uns reifen und wir andere damit anstecken können.*

Vertrauen kann man nicht systematisch lehren und schon gar nicht erzwingen. Man kann es nur vorleben und andere damit anstecken. Maßgebliche Menschen konnten und können das auch in unseren Zeiten. Desmond Tutu und der Dalai-Lama, Martin Luther King und Michail Gorbatschow, Angela Merkel und Karoline Mayer (2015), die in Chile eine ganz besondere Form der Sozialarbeit macht: Sie und viele andere leben es uns vor. Sie geben nicht an, kennen und zeigen ihre Grenzen und machen Mut. Sie machen uns Mut, uns für eine gerechtere und mitfühlendere Gesellschaft einzusetzen, auch dann, wenn wir nicht genau wissen, was der nächste Schritt ist.

DIE NOTWENDIGKEIT DER MUSSE

Wir brauchen Muße, das heißt zweckfreie Zeit

- zum Hinterfragen dessen, was wir denken und sagen und tun.
- damit wir die anstehenden Probleme genau anschauen können und die eigenen Standpunkte und die der anderen erkennen und verstehen.
- damit Vertrauen und Zuversicht in uns reifen und wir andere damit anstecken können.

Was bisher geschah und wie es weitergeht

Ich habe im ersten Kapitel vor allem über die Bedeutung und die Rolle von Arbeit, Entspannung und Muße gesprochen, den Unterschied zwischen

Entspannung und Muße beschrieben und einige Grundübungen vorgeschlagen, wie wir äußere und innere Zwänge erkennen können, die Entspannung und Muße erschweren oder ganz verhindern. Im zweiten Kapitel habe ich auf einige kulturelle Bedingungen und Einstellungen hingewiesen, die unser Denken und Handeln in Wirtschaft und Politik beeinflussen. Im dritten Kapitel geht es um konkrete Wege *zu mehr Muße* im Leben und um ein Leben mit der rechten Balance von Arbeit und Muße.

Ich betone immer und immer wieder, dass wir Zeiten der Muße brauchen, frei von äußeren und inneren Zwängen, Ansprüchen und Anforderungen, damit wir die äußeren und inneren Bedingungen, die uns beeinflussen, genauer beobachten und verstehen lernen. Wir brauchen Zeiten ohne »sollte, hätte, wäre, müsste«, in denen wir zweckfrei über uns und die Welt nachdenken können, allein und mit anderen. Wir brauchen Muße, um Einstellungen und Muster, unsere Art, über uns und die Welt nachzudenken und auf Konflikte zu reagieren, überhaupt erst zu bemerken und dann auch überprüfen zu können.

Wir können uns *nicht* zur Muße *zwingen*. Wir können einsehen, dass sie uns guttäte, und uns mehr Muße wünschen, aber auch das reicht nicht.

Damit nicht das Müssen, sondern die Muße unser Leben trägt, »müssen« wir uns nach ihr sehnen wie nach der Luft zum Atmen. Getragen von einem starken *Wunsch* nach mehr Zeit und Raum, können wir *Bedingungen* suchen und schaffen, die uns zunächst einmal erlauben, uns regelmäßig zu entspannen und runterzukommen. Umzuschalten vom Modus des – häufig durchaus sinnvollen und nützlichen, inspirierenden und befriedigenden – zielgerichteten und zweckorientierten Tuns zum *zweckfreien* Dasein.

Manchmal sage ich scherzhaft: Wir müssen uns zuerst erholen und entspannen, mit oder ohne Techniken, und auftanken und Kraft schöpfen durch Freude am Tun, bis wir »fit sind wie ein Turnschuh«. Dann erst sind wir bereit für den Muße-Modus, offen für ein zweckfreies Nachdenken über uns und die Welt. Lösungsorientiertes Nachdenken ist sinnvoll und notwendig für unser Überleben und auch für ein gutes Leben, aber wir bleiben im Raum des Bekannten. Wir können das Wunder des Lebens nur entdecken, wenn wir aus bekannten und vertrauten Denkmustern aussteigen.

Zweckfreies Nachdenken im Muße-Modus, allein und mit anderen, kann uns in neue Räume führen. Und an den Rand des Denkens und darüber hinaus in den Raum des Vertrauens, den wir

entdecken, wenn wir mit Leib und Seele begriffen haben, dass Leben tragisch und erhaben ist, sich alles immer wieder verändert und wir das Leben nie völlig in den Griff bekommen. Wir brauchen Muße und Vertrauen, wenn wir konstruktiv mit den Herausforderungen unseres komplexen Lebens umgehen wollen.

Im nächsten Kapitel will ich einige Überlegungen und Methoden vorstellen, die mich seit fast vierzig Jahren inspirieren und die mir helfen, Ja zum Leben zu sagen, trotz aller Krisen in meiner kleinen Welt und in der großen Welt, in der wir alle gemeinsam leben.

REFLEKTIEREN UND VERTRAUEN FINDEN

- Wir brauchen Muße, um unsere Einstellungen und Muster, unsere Art, über uns und die Welt nachzudenken und auf Konflikte zu reagieren, zu bemerken und überprüfen zu können.
- Wir entdecken den Raum des tiefen Vertrauens, wenn wir mit Leib und Seele begreifen, dass das Leben tragisch und erhaben ist, sich alles immer wieder verändert und wir das Leben nie völlig in den Griff bekommen.

REFLEXION

Eine schwierige Situation meistern

Denken Sie an eine verarbeitete schwierige Erfahrung. Achten Sie darauf, welche Rolle das Gesetz der Veränderung dabei spielte. Was haben Sie ausprobiert, um die Situation in den Griff zu bekommen? Was hat Ihnen geholfen, die Situation anzunehmen?

3

Entspannen, Auftanken und Muße: Was können wir tun und lassen?

»Nur in einem ruhigen Teich
spiegelt sich das Licht der Sterne.«
Chinesisches Sprichwort

Wenn wir müde sind, brauchen wir zweierlei: Entspannung und Energie. Wir kennen vermutlich alle unterschiedliche Methoden, um runterzukommen und neue Kraft zu schöpfen: ein kleines Nickerchen machen oder Löcher in die Luft starren, in aller Ruhe eine Tasse Kaffee trinken, die Lokalzeitung durchblättern oder eine Runde um den Block oder durch den Park gehen oder joggen, mit einer Freundin telefonieren oder ein paar Seiten in einem spannenden oder entspannenden Buch lesen.
Wir *wissen* vermutlich, wie wir entspannen und Kraft schöpfen können. *Spüren* wir auch, wenn wir

das nötig haben? *Hören* wir diese leise oder laute Stimme des Körpers, die uns zuflüstert: »Mach mal Pause! Halte inne! Bewege dich!«

Bemerken, erkennen und tun

Es geht also um dreierlei: bemerken, wissen und tun. Wir können ***bemerken,*** was wir brauchen, runterkommen oder auftanken. Wir können ***erkennen,*** was uns guttut. Und wir können es auch ***tun,*** und zwar regelmäßig. Übung macht die Meisterin. Das gilt nicht nur für fachliche Kompetenzen, sondern auch fürs Entspannen und Auftanken. Das klappt natürlich nur, wenn wir es mit Leib und Seele wollen.

Die buddhistische Tradition fasst diese drei Faktoren manchmal in einem spiralförmigen Dreischritt zusammen. Die Spirale der Übung dreht sich immer weiter, immer wieder ein bisschen anders, und der Weg ist nach oben offen: weise *unterscheiden, üben* bzw. wiederholen und *hinschauen* (Pali: *panna, vayama, sati*).

Für mich ist das der Tanz der Übung: 1. *Unterscheiden* zwischen dem, was uns gut- oder nicht guttut. 2. Es *tun,* und zwar viele, viele Male, bis es ganz selbstverständlich zu unserem Leben gehört.

3. *Genau hinschauen* – traditionell »Achtsamkeit« genannt – bedeutet, wir halten inne, schauen und spüren und bemerken freundlich und aufmerksam, und immer früher und genauer, was wir brauchen, und können immer besser unterscheiden, was wann und wie hilft oder nicht.

ACHTSAMKEIT ÜBEN

Wir können bemerken, was wir brauchen:
runterkommen oder auftanken.
Wir können erkennen, was uns guttut,
und das dann auch regelmäßig tun.
So lernen wir, immer genauer hinzuschauen,
und bemerken, was geschieht.

REFLEXION

Fragen für das Wohlbefinden

- Was hilft mir zu entspannen, wenn ich aufgedreht bin?
- Was gibt mir neue Kraft, wenn ich müde bin?
- Was davon tue ich regelmäßig?
- Was will ich häufiger tun? Wann? Wo? Wie lange?

Fünf Fähigkeiten und fünf Kräfte

Es ist zwar nicht leicht, erwachsen zu werden und Verantwortung für unsere Entscheidungen und unser Handeln zu übernehmen, aber wir können es lernen. Der Buddha war ein optimistischer Realist, denn er ging davon aus, dass alle Menschen fünf grundlegende Fähigkeiten haben, die sich zu Kräften entwickeln, wenn wir sie gezielt und wiederholt einsetzen: ***Achtsamkeit, Sammlung, Energie, Vertrauen und Einsicht.*** Wir brauchen alle fünf, wenn wir in Würde leben und mit anderen auskommen wollen. Sie begleiten uns auf dem Weg zu einem Leben mit der rechten Balance von Arbeit und Muße. Achtsamkeit gilt als die Königin aller guten Fähigkeiten, denn sie ermöglicht uns zu *bemerken,* was wir denken, sagen und tun, das heißt, uns darüber bewusst zu werden, und wir können unser Verhalten auch *überprüfen* und das Heilsame einüben und tun und uns das Unheilsame abgewöhnen. Allerdings geht das nur, wenn wir es auch wollen. Und wir sind eher in der Lage zu bemerken, was wir mit Körper, Rede und Geist tun, wenn wir wach und entspannt sind. Unter Druck leben wir meist im Autopilot-Modus und tun das, was wir immer schon getan haben. Das ist ungefährlich, wenn es um nützliche Fähigkeiten geht, die niemandem schaden. Es wird problematisch, wenn wir unbeabsichtigte Risiken und Nebenwirkungen ignorieren oder sie auch dann in Kauf nehmen, wenn sie uns und anderen langfristig schaden.

Die Grundbedeutung von Achtsamkeit ist, wie bekannt, *bemerken*, was wir tun, und *erinnern*, was hilft und heilt. Wir können *bemerken*, was wir tun, unser Verhalten *überprüfen* und bei Bedarf *korrigieren*. In einem traditionellen Bild gilt Achtsamkeit als die Kutscherin, die mit zwei Paar Pferden – Sammlung und Energie und Vertrauen und Einsicht – von A nach B fährt. Sie beobachtet das Zusammenspiel beider Pferdegespanne und korrigiert ihren Gang bei Bedarf mithilfe der Zügel. Sie muss genau hinschauen und darf nur leicht korrigieren, sonst werden die Pferde unruhig, und die Kutsche läuft unsanft oder fährt in den Graben.

Dieser Ansatz des Ausgleichs von Ruhe und Energie bzw. Vertrauen und Einsicht entspricht dem Wertequadrat von Friedemann Schulz von Thun (Pörksen 2014). Er geht davon aus, dass keine Qualität für sich besteht, sondern jeweils durch eine stimmige Balance zwischen zwei Fähigkeiten entsteht. Qualitäten sind also nicht statisch, sondern entfalten sich immer wieder neu in einem dynamischen Gleichgewicht. Fehlt einer der beiden Faktoren, so degeneriert der andere zu einer Art Schrumpfversion. Ruhe bzw. Sammlung ohne Energie verwandelt sich in Trägheit, und Energie ohne Sammlung bzw. Ruhe verwandelt sich in Aufregung und Zerstreuung. Vertrauen ohne Einsicht ist naiv, und Einsicht ohne Vertrauen ist kalt. Ich freue mich immer, wenn ich in unterschiedlichen Ansätzen ähnliche Grundgedanken finde. Dass sich hilfreiche Ansätze ähneln, ist verständlich, denn sie entstehen immer aus lebenspraktischen Fragen und eigener Erfahrung.

Ruhe und Sammlung

Wir brauchen eine je eigene Balance zwischen Ruhe und Kraft, einen Ausgleich zwischen Sammlung und Energie, skrt. *samatha, virya*. *Samatha* bedeutet wörtlich »ebenmäßig«, »glatt« oder »ausgeglichen« und *virya*, verwandt mit dem lateinischen *vir,* »Mann«, »Männlichkeit« und übertragen dann »Kraft« und »Energie«. Es geht also um eine ausgeglichene Art der Energie, um gebündelte Energie, nicht um eine wilde und ungebändigte.
Sammlung im Sinne von Ausgeglichenheit und Ausrichtung bezieht sich auf alle Dimensionen unseres Lebens, auf körperliche, emotionale und geistige Prozesse, und *Energie* auf unsere Lebenskraft,

die wir in unterschiedlichen Bereichen einsetzen können. Die Quelle von Energie ist Interesse und Freude an dem, was wir tun. Wie wir sie gezielt fördern können, erläutere ich im nächsten Abschnitt. Aber selbst wenn wir nicht sehr viel Kraft haben, so können wir doch einiges bewirken, wenn wir sie *gezielt* einsetzen. Wer viel Kraft hat, kann sich mehr Aktivitäten leisten, wer wenig Kraft hat, muss damit haushalten, und das heißt auch lernen, seine Prioritäten zu klären. Das Zusammenspiel von Sammlung und Energie möchte ich zunächst an einfachen Abläufen genauer beschreiben.

AKTIV SEIN ODER PRIORITÄTEN SETZEN

Wer viel Kraft hat, kann aktiver sein, wer wenig Kraft hat, muss damit haushalten und lernen, Prioritäten zu klären.

Trägheit und Unruhe

Wenn wir uns auf einen Ablauf oder eine Sache ausrichten, aber wenig Interesse und Energie haben, werden wir müde, dösen vor uns hin oder schlafen sogar ein. Wenn wir viel Energie haben, uns aber nicht klar auf eine Sache ausrichten können, sind wir aufgedreht und zerstreut. Selbst bei einer so schlichten Übung wie der Atemmeditation oder der Meditation im Gehen, mal langsamer und mal schneller, dauert es eine Weile, bis wir genauer spüren können, ob wir lieber ein bisschen locker lassen oder die Körperspannung ein paar Prozent erhöhen sollten. Die Faustregel klingt einfach, braucht aber Geduld und Hingabe, wenn wir sie tatsächlich anwenden: Sind wir schläfrig, erhöhen wir die Körperspannung um fünf Prozent, richten uns etwas auf oder gehen ein bisschen dynamischer. Sind wir unruhig, lockern wir die Körperspannung oder gehen entspannter. Wenn wir das ein paar Monate lang vier, fünf Mal die Woche für jeweils zehn, fünfzehn Minuten üben, spüren wir schneller, was wir brauchen, und bald reguliert der Körper das Ungleichgewicht selbst. Übung macht die Meisterin. In echt.

Wenn Sie bei einer kleinen Meditationsübung regelmäßig müde werden oder sogar einschlafen, kann das ein Hinweis darauf sein, dass sie sich zu wenig ausruhen. Ich empfehle, ruhig ein paar Wochen zuzulassen, dass Sie bei der Meditation dösen oder einschlafen, bis Sie mit Leib und Seele begreifen, dass Sie mehr Ruhephasen oder einfach mehr Schlaf brauchen.

SCHLÄFRIGKEIT UND UNRUHE BEI DER MEDITATION ENTGEGENWIRKEN

Sind wir bei der Meditation schläfrig, erhöhen wir die Körperspannung um fünf Prozent, richten uns auf bzw. gehen etwas dynamischer. Sind wir unruhig, lockern wir die Körperspannung oder gehen entspannter.

Energie und Sammlung im Alltag

Sie können sich bei der Übung leichter sammeln, wenn es auch im Alltag regelmäßige Abläufe gibt, bei denen Sie mit ganzem Herzen bei der Sache sind. Das ist einfacher, wenn Sie nicht ständig unter Druck stehen. Ein halber freier Tag oder ein freies Wochenende – wenn Sie sehr mutig sind, sogar drei, vier Tage »nicht müssen« – ist ein guter Einstieg dafür. Wenn wir wissen, was uns am Herzen liegt, fällt es uns leichter, Zeit dafür zu finden. Manchmal helfen uns auch Krisen wie eine Trennung oder eine Krankheit, und das Älterwerden fördert diese Art von Klarheit ebenfalls – denn wir haben nicht mehr so viel Kraft wie früher.

Es lohnt sich, immer mal wieder genau darauf zu achten, wofür wir unsere Zeit und Kraft, unser

Geld und unsere Fähigkeiten einsetzen. Was tun wir, wenn wir tätig sind? Lohnt sich der Einsatz? Haben wir genug Zeit und Energie für das Wesentliche? Was das ist, hat natürlich immer mit unserer Persönlichkeit, mit unserem konkreten Leben und auch mit den Lebensphasen zu tun. Je nachdem, wann wir die folgende Übung machen, wird sie uns Unterschiedliches zeigen. Die Übung lehnt sich an die im ersten Kapitel vorgestellte Einteilung in drei Bereiche des aktiven Lebens – Lebensunterhalt, Gestaltung der gemeinsamen Welt, Politik – und der zwei Bereiche des kontemplativen Lebens – selber denken und das Überschreiten des Denkens – an.

ÜBUNG

Arbeit und Muße

Wie viele Stunden pro Tag, Woche und Monat brauchen Sie für Ihr *aktives* Leben? Für Ihren *Lebensunterhalt* mit Haushalt, Familie und Freunden, Beruf und Geldverdienen, berufliche und allgemeine Weiterbildung usw.? Wie viel Zeit widmen Sie der Gestaltung und dem Genuss der *gemeinsamen Welt*? Für Hobbys, Kultur und Ehrenämter? Und wie viel Zeit für *Politik*, für Nachrichten lesen, hören und sehen bzw. für Austausch und gemeinsame Aktivitäten im Bereich der Politik?

Wie viel Zeit schenken Sie sich zum *Entspannen,* wenn Sie viel getan haben, allein und mit vertrauten Menschen? Schenken Sie sich Zeiten der Muße, Freiräume für *zweckfreies* Dasein und Nachdenken und Momente *jenseits* von Zeit und Raum und Denken? Stimmt die Balance? Wofür wünschen Sie sich mehr Zeit?

Mit ganzem Herzen bei der Sache

- Was tun Sie gerne und mit ganzem Herzen?
- Bei welchem Tun können Sie sich selbst vergessen?
- Wobei können Sie Raum und Zeit vergessen? Wie oft nehmen Sie sich Zeit dafür?

Energie und Freude statt Ohnmacht und Angst

Die Faustregel ist einfach: Wenn wir etwas gerne tun, haben wir *mehr Energie.* Wenn wir etwas nicht gerne tun, werden wir schnell müde. Die drei Arten der Trägheit (Kapitel 1) weisen darauf hin, welch wichtige Rolle dabei unser Interesse spielt. Natürlich gibt es immer Aufgaben und Pflichten, die wir nicht besonders gerne tun. Wenn ich unangenehme Dinge erledigen muss, wie Steuerunterlagen oder die Nebenkostenabrechnung vorbereiten, mache ich zuerst ein, zwei Stunden etwas, das ich

sehr gerne tue. Danach habe ich meist genug Energie, auch für unangenehme Dinge.
Der Buddhismus beschreibt vier Dimensionen der Freude und empfiehlt, sie alle zu pflegen: Sinnesfreuden, gute Beziehungen, Sammlung in Stille oder Hingabe an ein Tun und Einsicht. Wenn wir genug Freude erleben, haben wir auch genug Energie für die notwendigen und nützlichen Anliegen und für die guten, wahren und schönen Dinge des Lebens. Zu den vier Dimensionen der Freude werde ich eine Übung vorstellen und auf Einsicht gehe ich im Zusammenhang mit Vertrauen ein.
Freude ist etwas Wunderbares. Sie ist nicht nur die Quelle von Energie und Kraft, sondern sie gilt auch als *das* Heilmittel für Angst und Sorgen, und das können wir in unseren unruhigen Zeiten besonders gut gebrauchen. Freude ist in zwei der genannten vier Dimensionen immer *konkret:* ***Sinnesfreuden und Hingabe an ein Tun*** geschehen *jetzt*. Über ***Beziehungen*** kann ich mich auch dann freuen, wenn die Menschen gar nicht da sind, und Einsichten beruhigen und inspirieren uns auch in der Erinnerung. Wenn wir die vier Arten der Freude ab und zu konkret erleben, können wir uns auch an ihnen freuen, wenn wir bloß an sie denken. Ist das nicht wunderbar? Wir sollten also jede Gelegenheit zur Freude nutzen, dann haben wir

einen Schatz an Erinnerungen, der uns auch in schwierigen Zeiten aufmuntern kann.

Dankbarkeit ist eine große Quelle der Freude. Wenn wir häufiger auf das achten, was wir bereits haben, und genießen können, fühlen wir uns reich. Dann können wir besser aushalten, dass manchmal etwas fehlt und nicht immer alles so läuft, wie wir es gerne hätten.

Meine Empfehlung ist eine Art paradoxer Intervention, denn sie widerspricht der bekannten Logik der Pflicht: Zuerst die Arbeit, dann das Vergnügen. Ich behaupte: Zuerst die Freude, dann die Arbeit, denn dann ist der Energiespeicher ausreichend gefüllt. Bei mir funktioniert das gut.

MERKSÄTZE ZUR FREUDE

- Wer sich gerne freut, hat mehr Energie.
- Dankbarkeit weckt Freude.
- Freude vertreibt Angst und Sorgen.
- Zuerst die Freude, dann die Arbeit.

ÜBUNG

Sternstunden und vier Dimensionen des Glücks

Denken Sie an eine kleine Situation aus den letzten Tagen, in der Sie sich wohlgefühlt haben. Fragen Sie sich dann: Was hat mitgespielt? War ich draußen in der Natur oder drinnen, allein oder mit anderen zusammen, in Ruhe oder in Bewegung? Welche Sinne standen im Vordergrund? Spielten bestimmte Menschen eine Rolle? War ich mit dem Herzen bei der Sache? Ging mir ein Licht auf?
Zum Abschluss fragen Sie sich: Was kann ich in den nächsten Tagen und Wochen von meiner Seite aus tun, um solche Erfahrungen zu fördern? Bin ich bereit dazu oder reißt mich das zu sehr aus meinem eingefahrenen Trott?

Dankbarkeit

Setzen Sie sich auf die Couch oder in einen bequemen Sessel und schauen Sie sich in Ihrer Wohnung um. Notieren Sie, was Ihnen wichtig ist. Und freuen Sie sich, dass Sie diese Dinge besitzen und genießen können. Notieren Sie ein paar wichtige Sachen, die Sie können, wissen und erlebt haben. Freuen Sie sich darüber. Denken Sie dann an die Menschen, die Ihnen wichtig sind. Freuen Sie sich, dass Sie sie kennengelernt haben.
Wenn Sie eine schwierige Zeit durchmachen, nehmen Sie sich jeden Tag vor dem Einschlafen, und wenn Sie moti-

viert sind auch nach dem Aufwachen, ein paar Minuten und freuen Sie sich über das, was da ist. Danken Sie den Menschen, die Ihr Leben bereichern, und denen, die in der Vergangenheit Dinge erfunden und hergestellt haben, an denen Sie sich erfreuen: Bücher, Musik, technische Geräte, Möbel, Kleidung usw.

Vertrauen und Einsicht

Vertrauen reduziert Komplexität und Einsicht beruhigt. Wir brauchen beides, damit wir mit den Herausforderungen der Moderne und Postmoderne gut umgehen können. Ohne Vertrauen verzweifeln wir an der Komplexität des Lebens und an der Überfülle von Informationen, die uns mit Risiken konfrontieren, die wir niemals durch Vorsorge und Umsicht vermeiden können. Wir brauchen Vertrauen, sonst überfordert uns das Leben.

Vertrauen allein genügt nicht, denn ohne Einsicht bleiben wir naiv und können leicht ausgenutzt werden. Einsicht allein genügt auch nicht, denn sie hat Grenzen. Und wenn wir mehr Informationen aufnehmen, als wir praktisch umsetzen können, werden wir unruhig. Was ist Vertrauen, was ist Einsicht, und wie funktionieren sie? Kann man Vertrauen lernen, wenn man keines hat, und was bedeutet Einsicht und Verstehen? Vertrauen ist eine Art *Zuversicht* in Situationen, die wir nicht überschauen können. Wir sprechen von Vorschussvertrauen in andere Menschen. Jede Art von Vertrauen ist Vorschussvertrauen, aber manches Vertrauen ist angemessener als anderes, und da kommt dann die Einsicht ins Spiel. Dazu gleich mehr.

Drei Arten des Vertrauens

Es geht, in Anlehnung an die buddhistischen Lehren zur Zuflucht, um ***drei Arten des Vertrauens: zu anderen, zu sich und ins große Ganze.*** Da ich den drei Arten des Vertrauens ein eigenes Buch gewidmet habe, fasse ich meine Thesen hier nur kurz zusammen (Wetzel 2015).

Buddhisten nehmen Zuflucht zu Buddha, Dharma und Sangha, das heißt, sie nehmen sich den historischen Buddha als *Vorbild* für das, was Menschen möglich ist. Sie gehen mithilfe der Übungen und Lehren den *Weg*, den er beschrieben hat, und lassen sich dabei von der Gemeinde der Lehrenden und Übenden *begleiten*. Sie können sich dabei auf den ganzen Schatz der Lehren und Übungen stützen, den die vielfältigen Traditionen des Buddhismus in den letzten zweieinhalbtausend Jahren in unterschiedlichen Kulturen entwickelt haben.

Ich finde den Prozess der Zuflucht auch deshalb so einleuchtend und inspirierend, weil er dem Entwicklungsweg vom Kind zum Erwachsenen entspricht. Zunächst verlassen wir uns auf die Inspiration, die von *außen* kommt. Durch das *eigene* Üben gewinnen wir Selbstvertrauen. Schließlich können wir, getragen vom Vertrauen in uns und andere, die tiefe *Einsicht* aushalten, dass unser Wissen und Verstehen *Grenzen* hat. So läuft es, wenn es gut läuft. Solange wir irgendwie an das *große Ganze* glauben und uns einigermaßen geborgen fühlen in einer lokalen Welt, die wir mehr oder weniger verstehen. Dann ergänzen und stärken sich die drei Arten des Vertrauens gegenseitig.

Die Menschen der Moderne und Postmoderne haben das Vertrauen in andere und ins große Ganze, in die Transzendenz allerdings weitgehend verloren. Wer in einem reduzierten Verständnis von Renaissance, Reformation und Aufklärung jeder Tradition misstraut und glaubt, das Leben mit dem Verstand begreifen und es allein in den Griff bekommen zu *müssen,* verzweifelt. Viele Menschen fühlen sich vom autonomen Persönlichkeitsideal überfordert, und einige sehen die Lösung in der Rolle rückwärts – ein *Salto mortale,* ein tödlicher Sprung? – in die vormoderne Stammesgesellschaft, in der jeder gegen jeden kämpft und nur der Sieger überleben kann. Ich erspare mir jetzt Hinweise auf die vielen Tendenzen zu einem politischen Rechtsruck seit den späten Nullerjahren und hoffe darauf, dass genügend Menschen den *Mut zur Muße* finden und sich in aller Ruhe überlegen, was die Not wenden könnte.

ÜBUNG

Drei Arten des Vertrauens

Wir können unser Leben rückwärts in Schritten von fünf bis zehn Jahren durchgehen und uns die folgenden Fragen stellen.

Vertrauen zu anderen: Welchen Menschen, Lehren und Übungen vertraue ich? Heute? In den letzten zwei, drei Jahren? Wem habe ich vor fünf, zehn, fünfzehn, zwanzig usw. Jahren vertraut? Wem habe ich als Kind mit zehn, acht, sechs, vier Jahren vertraut?

Selbstvertrauen: In welchen Bereichen vertraue ich mir selbst? Beruf? Hobby? Beziehungen? Ehrenamt? Sport? Sprachen usw.?

Vertrauen ins große Ganze: Worauf habe ich in Krisen vertraut? Trennung, Krankheit, Verlust von Angehörigen usw.? In der letzten Zeit. Vor … Jahren? Als Kind? Wie nenne ich dieses Vertrauen? Urvertrauen, Grundvertrauen, Gottvertrauen, Vertrauen ins Leben?

Muße und Einsicht

Wir brauchen Vertrauen ins *Leben*, denn es ist zu komplex, um es *ganz* zu verstehen und *völlig* in den Griff zu bekommen. Wir finden es, wenn wir *Menschen* und Lehren kennen, die uns auf dem Weg ins Leben und im Leben begleiten. Die uns so weit Vorbild und Inspiration sind, dass wir bereit sind, uns aufs Leben einzulassen und *Verantwortung* zu übernehmen. Das wird möglich mit Selbstvertrauen. Unerschütterliches Vertrauen ins Leben ist nicht so häufig zu finden, aber auch nicht so selten, wie manche Atheisten oder Anhänger des Nihilismus vermuten. Ein einfacher, nicht religiöser Zugang zu tiefem Vertrauen ist *Staunen* über das Wunder des Lebens. Es fällt uns leichter, wenn wir die Grenzen unseres Denkens entdecken und erkennen, dass viele Prozesse auch dann funktionieren, wenn wir sie nicht verstehen.

Die *Grenzen* des *Denkens* können wir nicht durch das vorschnelle Abwerten des Denkens entdecken, sondern nur durch gründliches Nachdenken bzw. durch eigenes Bemühen. C. G. Jung interpretierte es sinngemäß so: Zuerst müssen wir all unser Wissen und Können ausprobieren und einsetzen. Wenn wir dann feststellen, dass wir nicht weiterwissen,

und aufgeben, kann uns die innere Weisheit zu Hilfe kommen. Das rät uns auch die alte Volksweisheit: »Hilf dir selbst, dann hilft dir Gott.«
Es geht also nicht um ein Leben im Schlaraffenland. Das Leben ist keine Wellness-Veranstaltung. Wir müssen Verantwortung für unser Leben übernehmen und alles tun, was wir können. Erst dann hilft uns Gott. Aber das hört sich angenehmer an, als es ist.
Wir erleben zuerst eine Art optimale Desillusionierung. Wir müssen mit Leib und Seele begreifen, dass wir ein bestimmtes Problem nicht in den Griff bekommen, und still werden – Christen nennen das Demut, Buddhisten Einsicht in Leerheit –, dann erst hören wir die Stimme der Weisheit. Sie spricht eher leise, und wir überhören sie, solange wir *ausschließlich* auf unsere eigene Kraft vertrauen. Wir müssen uns selbst vertrauen, das ist der erste Schritt. Und wir müssen unsere Grenzen erkennen, das ist der zweite Schritt. Und dann geschieht das Wunder der Einsicht. Wir können tiefe Einsicht nicht erzwingen, denn sie ist unverfügbar und nie zu ersetzen durch die Ansammlung von Detailinformationen.

VERTRAUEN DURCH STAUNEN

Staunen über das Wunder des Lebens ist ein Weg zu tiefem Vertrauen. Es fällt uns leichter, wenn wir die Grenzen unseres Denkens entdecken und erkennen, dass viele Prozesse auch dann funktionieren, wenn wir sie nicht verstehen.

Vier Dimensionen der Einsicht

Tiefe Einsicht ist kein einmaliges Ereignis. Sie entfaltet sich in mehreren Schritten und gipfelt in unerschütterlichem tiefem Vertrauen. Ein buddhistischer Kollege beschreibt vier Dimensionen des Verstehens: begriffliche Einsicht, Energieschub, neues Verhalten, Befreiung oder das Ende des Haderns (McLeod 2001).

Begriffliches Verstehen kennen wir gut, und oft halten wir das für echtes Wissen, da wir unsere Erfahrungen in einen größeren Zusammenhang einordnen können. Das ist wunderbar, und es beruhigt. Eine gute Erklärung reduziert zwar viele Faktoren auf ein paar fassbare Zusammenhänge, gibt aber eine gute Orientierung, reicht fürs Überleben und sogar für ein recht gutes Leben.

Energieschub: Manchmal begreifen wir etwas mit Leib und Seele, und ein Schauer des Entzückens geht durch den Körper. Wir nennen das auch Aha-Erlebnis. Diese Art der Einsicht ist körperlich sehr deutlich spürbar, denn sie befreit blockierte Energie. In der Therapieform des Focusing wird das systematisch eingesetzt.

Neues Verhalten: Wenn wir die Folgen bestimmter Einstellungen und Verhaltensweisen ganz tief erkennen, können wir uns anders verhalten. Die christliche Tradition nennt das Umkehr, griech. *metanoia.* Solange wir wider besseres Wissen alte, schädliche Muster wiederholen, fehlt uns diese Art der Einsicht offensichtlich. Zur Veränderung unseres Verhaltens brauchen wir nicht nur kluge oder moralisch hochstehende Ideen und ein paar Aha-Erlebnisse, sondern viel, viel Übung, das heißt die Bereitschaft, immer und immer wieder festgefahrene Muster dadurch zu lockern, dass wir sie nicht ausagieren und stattdessen heilsames Verhalten einüben. Dazu brauchen wir unbedingt eine entspannte und wache Verfassung. Unter Druck fallen wir immer und immer wieder auf alte und älteste Muster zurück.

Das Ende des Haderns: Leichter wird unser Leben, selbst in schwierigen Phasen, wenn wir fähig sind, jede Herausforderung anzunehmen, ohne mit uns oder anderen oder mit den Umständen zu hadern.

Wir brauchen Vertrauen in andere, in uns und ins Leben, und das wird unterstützt durch Einsicht in die Gesetze des Lebens: Leiden, Unbeständigkeit und Unkontrollierbarkeit. Natürliches Leiden gehört zum Leben. Alles verändert sich, und wir bekommen das Leben nie völlig in den Griff. Wer dazu Ja sagen kann, ist frei von reaktiven Emotionen, von Festhalten, Abwehr und Ausblenden. Vertrauen ins große Ganze und das Ja zur Unkontrollierbarkeit des Lebens sind zwei Seiten einer Medaille.

Hilf dir selbst,
dann hilft dir Gott.

Vertrautheit weckt Vertrauen.

Vertrauen und Einsicht werden möglich, wenn wir einigermaßen stabile Bedingungen schaffen und uns Muße gönnen. Wir brauchen diese Zeiten, frei von äußeren Zwängen, damit wir die inneren Zwänge besser erkennen und abbauen können.

Mit Übungen der Sammlung und Energie und mit Vertrauen und Einsicht.

DIE VIER SCHRITTE DER EINSICHT

Die vier Schritte der Einsicht sind: begriffliches Verstehen, Energieschub oder Aha-Erlebnis, neues Verhalten, Befreiung als Ende des Haderns. Wir brauchen Vertrauen in andere, in uns und ins Leben, und das wird unterstützt durch die Einsicht in die Gesetze des Lebens: Leiden, Unbeständigkeit und Unkontrollierbarkeit.

Traditionelle Auszeiten: Fest und Feier

Der katholische Philosoph Josef Pieper sah eine enge Verbindung zwischen Muße und religiösem Kult im Sinne religiöser Feste. Er vermutete, dass religiöse Feste eine Art der institutionalisierten Muße waren und sind. Auch arme Gesellschaften feiern großzügig Feste und betonen damit, dass Arbeit und Mühe nicht alles sind. Das Wichtigste ist die Feier des ganz anderen, die Feier dessen, was alle trägt, auch wenn niemand weiß, wie das funktioniert. Der Widerstand in katholischen Gegenden gegen die Abschaffung von Feiertagen ist ein leises Echo des Wissens, dass es im Leben nicht nur um Arbeit geht, sondern um die rechte Balance zwischen Arbeit, Entspannung und Muße. Muße, hier verstanden als zweckfreies Dasein und Feier des Lebens.

Feste sind weder notwendig zum Überleben noch nützlich im Sinne fassbarer Produkte. Sie sind gut und wahr und schön, weil sie uns aus dem Diktat der Pflichten und der Sparsamkeit entlassen. Auch in Indien werden bislang, gegen heftigen Widerstand nationaler und internationaler Konzerne, die Feiertage aller Religionen anerkannt und als gesetzlich arbeitsfreie Tage zelebriert.

Ich glaube, dass auch traditionelle Feste wie der Kölner Karneval und die alemannische Fastnacht, säkulare regionale Feste wie Schützenfeste usw. diese Funktion einer gemeinsamen Auszeit aus dem Diktat der Arbeit und der Leistung erfüllen. Ich habe das zumindest als Kind so erlebt und höre es auch aus dem Kölner Raum, in dem ich seit fünfundzwanzig Jahren genau zu Karneval einen Meditationskurs leite, weil die Menschen aus der Gegend da sehr leicht Urlaub nehmen können.

DER SINN VON FESTEN

Feste sind weder notwendig zum Überleben noch nützlich im Sinne fassbarer Produkte. Sie sind gut und wahr und schön, weil sie uns aus dem Diktat der Pflichten und der Sparsamkeit entlassen.

Das Paradox der Übung: zweckfrei und mit Erfolg üben

»Je mehr du etwas tust, desto mehr tust du es.«

Zum Abschluss möchte ich den Kontext »erfolgreichen« Übens und Handelns beschreiben, denn das kann unsere Zuversicht stärken und zugleich überzogene Erwartungen reduzieren. Und beides verringert den Druck und gibt mehr Raum für entspanntes und waches Dasein.

Die indische Vedanta-Tradition nennt vier Bedingungen, die es braucht, damit alltägliches Handeln und meditative Übungen, das heißt unser Tun im aktiven und im kontemplativen Leben, Erfolg haben: Entschlossenheit, äußere und innere Bedingungen und den Segen der Götter. Wir nennen das Glück oder Pech.

Entschlossenheit: Wenn wir mit etwas Neuem beginnen, müssen wir das auch von ganzem Herzen wollen. Man kann zwei Arten von Wollen oder Absicht anhand zweier einfacher W-Frage unterscheiden: *warum* und *wozu?* Die Warum-Frage weist auf alte Erfahrungen in der Vergangenheit hin. Warum suche ich mehr Muße? Weil ich unruhig bin? Weil ich nicht gut schlafe? Die Wozu-Frage weist in die Zukunft und wird meist von einer idealisierten Vorstellung eines besseren Zustandes geleitet. Wozu will ich meditieren? Um herauszufinden, was mir wirklich wichtig ist? Um klarer zu werden? Beide Absichten kommen vor und sind hilfreich, aber sie sind unterschiedlich. Mit der ersten bleiben wir im Rahmen des Bekannten, und die zweite kann uns für neue Erfahrungen öffnen.
Äußere und innere Bedingungen: Es braucht etwas Realitätssinn, um herauszufinden, ob wir die *inneren* Bedingungen für das haben, was wir wollen: Zeit, Offenheit, Fähigkeiten, Interesse, Ausdauer usw. Und es braucht genauso viel Realitätssinn, um die notwendigen *äußeren* Bedingungen zu erkennen, zu suchen und zu finden oder neu zu schaffen. Und schließlich ist der *Segen der Götter* nötig. In unsere Sprache braucht es das Quäntchen Glück, das darüber entscheidet, ob etwas klappt oder nicht. Ich finde diesen Hinweis sehr entlastend,

denn er besagt, dass wir zwar einiges tun können, damit wir Erfolg haben, beim Kochen oder Meditieren, beim Schreiben eines Beitrags oder für die Bewerbung um einen neuen Arbeitsplatz – dass wir es aber nicht im Griff haben können. Im Buddhismus nennt man diesen vierten Faktor *Karma,* aber auch da weiß niemand genau, was das bedeutet. Glück oder der Segen der Götter eben.

Der einfachste Weg, »gutes Karma« zu schaffen, besteht darin, sich und anderen mit Freundlichkeit, Mitgefühl, Freude und Gelassenheit zu begegnen und Zuversicht, Vertrauen und Einsicht bei sich und anderen zu fördern. Und auch dafür brauchen wir *Muße.*

Meine Schlussfolgerung aus diesen Unterweisungen ist einfach: Wenn wir Erfolg bei unseren Angelegenheiten und Anliegen haben wollen, müssen wir auf jeden Fall unsere Prioritäten klären und sehr entschlossen sein. Wir können uns, vor allem bei Misserfolgen, zwischen zwei Wegen entscheiden: Wir können uns noch mehr anstrengen und immer weitere äußere und innere Bedingungen suchen und schaffen und uns dabei an den Rand der Erschöpfung bringen – oder uns etwas Muße gönnen und eine freundliche Einstellung zu uns und anderen sowie Zuversicht einüben. Das kann für das Quäntchen Glück sorgen, das uns zum Erfolg fehlt. Übertragen auf die christlichen Begriffe »gute Werke« und »Nächstenliebe«, heißt das vielleicht: Gute Werke sind sinnvoll und notwendig, werden aber noch wirksamer, wenn sie mit einer freundlichen Haltung zu anderen und mit Dankbarkeit einhergehen.

ERFOLG UND MISSERFOLG

- Vier Bedingungen für Erfolg: Entschlossenheit. Äußere und innere Bedingungen. Glück.
- Zwei Wege bei Misserfolgen: Noch mehr angestrengtes Bemühen bis zur Erschöpfung oder Muße, Freundlichkeit und Zuversicht. Das kann für das Quäntchen Glück sorgen, das uns zum Erfolg fehlt.

ÜBUNGEN

Erfolgreich handeln

Wir können ein erfolgreiches Projekt anhand dieser vier Größen überprüfen und schauen, welche Faktoren besonders wichtig waren: Entschlossenheit, äußere und innere Bedingungen oder Glück.

Frieden schließen mit einem Misserfolg – und es neu versuchen

Wir können ein misslungenes Projekt anhand dieser vier Faktoren überprüfen und schauen, welche Voraussetzungen gefehlt haben oder nur schwach vertreten waren. Falls uns das Projekt immer noch am Herzen liegt, können wir uns um die vier notwendigen Faktoren bemühen: Unsere Entschlossenheit stärken. Gute innere und äußere Bedingungen suchen und uns und anderen Glück bei diesen und anderen Anliegen wünschen.

Glück fördern: gute Wünsche für uns und andere

Wir denken zuerst an uns selbst und wünschen uns Glück, Freisein von Leiden, Freude und Gelassenheit. Und Zuversicht. Dann denken wir an zwei, drei Menschen, die wir mögen, und wünschen ihnen dasselbe. Dann denken wir an Bekannte und Unbekannte und wünschen ihnen dasselbe. Und wenn wir ganz mutig sind, denken wir an Menschen, die wir nicht mögen, und wünschen ihnen ebenfalls alles nur erdenkliche Glück.

Moral und Ethik: nicht verletzen und Gutes tun

»Tu Gutes, meide das Böse und zähme und erkenne deinen Geist.«

Der Buddha

Als Königsweg zu einem guten Leben gilt im Buddhismus ethisches Verhalten, oft zusammengefasst in drei Empfehlungen: Tu Gutes, meide das Böse und erkenne und zähme deinen Geist. Beim Üben beginnen wir damit, dass wir uns bemühen, anderen nicht zu schaden, dann klären wir Herz und Geist durch Meditation, und irgendwann gelingt es uns, anderen tatsächlich Gutes zu tun. Das gilt als hohe Kunst, denn gut gemeint ist noch lange nicht gut getan.

Die ethischen Empfehlungen des Buddhismus sind keine Verbote und Gebote, sondern Übungen. Wenn wir ethische Regeln beachten, bemerken wir leichter, was wir denken, sagen und tun, das heißt, wir werden bewusster. Erst dann können wir uns bemühen, unheilsames Verhalten abzubauen und heilsames einzuüben. Zentrales Anliegen buddhistischer Ethik ist der Wunsch, uns und andere nicht zu verletzen. Denn alle Wesen suchen Glück und wollen Leid vermeiden, auch wenn wir uns darin unterscheiden, was wir für Glück und Leid halten. *Ein ethisches Leben beruhigt unser Gewissen, verringert Konflikte mit anderen und ist die Grundlage für ein kooperatives Miteinander. Es nimmt Druck aus unserem Leben und schafft dadurch mehr Raum für Entspannung und Muße.*

Im Buddhismus werden »normalen« Menschen die *fünf ethischen Regeln für Laien* ans Herz gelegt. Das sind Übungen und keine Vorschriften, denn es geht primär darum, zu bemerken, was wir denken, sagen und tun, und nicht darum, brav zu sein und sich blind und gedankenlos an Regeln zu halten.

Wenn wir auf bestimmte Regeln achten, bemerken wir immer mehr, was wir denken, sagen und tun, das heißt, uns werden auch die Motive und Absichten, aus denen heraus wir so oder so handeln, immer bewusster. Und nur wenn wir wissen, was wir aus welchen Beweggründen tun, können wir prüfen, ob das für uns und andere heilsam ist oder jemandem schadet.

Buddhistische Übende bemühen sich, folgendes Verhalten zu vermeiden: töten, stehlen und lügen; verletzen durch sexuelles Verhalten und den Geist durch Drogen und Alkohol trüben. Stattdessen bemühen sie sich um folgendes Verhalten: Leben schützen, die Wahrheit sagen, einfach leben und großzügig sein, Beziehungen achten und den Geist durch Meditation klären.

ÜBUNG

Meine ethischen Regeln

An welchen ethischen Regeln orientieren Sie sich?

- Was wollen Sie tun? Und was wollen Sie vermeiden? Wie oft gelingt das? Was tun Sie, wenn es Ihnen nicht gelingt? Freuen Sie sich, wenn es Ihnen gelingt?
- An welchen ethischen Regeln orientieren sich Ihre Verwandten, Bekannten und Nachbarn, Berufskolleginnen und Freunde?

Ein Lob der Tugend

»Höflichkeit ist das erste Mittel gegen den Krieg.«
Adolph Freiherr von Knigge

Der französische Philosoph André Comte-Sponville schreibt gerne Bücher für junge Leute und versucht ihnen den Wert alter und neuer Tugenden nahezubringen. Er beginnt seinen Reigen der achtzehn Tugenden mit der Höflichkeit, die noch keine Tugend ist, da sie die Moral nur nachahmt. Höflichkeit ist ihm wichtig, da es immer Menschen gibt und geben wird, die wir nicht mögen und mit denen wir nicht gut auskommen. Höflichkeit bemüht sich zumindest darum, die Moral nachzuahmen.

Sein Buch endet mit einem Loblied auf die Liebe, die für ihn keine Tugend mehr ist, denn sie entsteht aus tiefer Achtung für alle Menschen, für alle Wesen. Die Moral ist eine Tugend, denn sie bemüht sich darum, die Liebe, zu der wir noch nicht fähig sind, wenigstens nachzuahmen. Sein mit leichter Hand geschriebenes Buch macht Mut zu einem Leben mit Achtung für uns und alle und hat zugleich viel Verständnis für die Schwierigkeiten und Hindernisse, die einem solchen Leben entgegenstehen. Falls uns sein Ansatz inspiriert, können wir uns mit den achtzehn Tugenden beschäftigen und diejenigen einüben, die uns inspirieren. Dazu können wir entweder zuerst sein Buch lesen oder uns einfach durch die Liste der folgenden Begriffe inspirieren lassen und diese Tugenden nach bestem Wissen und Gewissen ins Leben bringen.

ÜBUNG

Achtzehn Tugenden

Was verbinden Sie mit diesen Fähigkeiten oder Tugenden?

- Höflichkeit
- Treue
- Klugheit
- Mäßigung
- Mut
- Gerechtigkeit
- Großherzigkeit
- Mitleid
- Barmherzigkeit
- Dankbarkeit
- Demut
- Einfachheit
- Toleranz
- Reinheit
- Sanftmut
- Aufrichtigkeit
- Humor
- Liebe: Sexuelle Liebe *(eros)*. Freundschaft *(philia)*. Göttliche Liebe *(agape)*.

Zum Abschluss: Sätze der Hoffnung und Zuversicht

Muße tut not. Muße wendet die Not.

Wenn wir unser Verhalten mit Körper, Rede und Geist bzw. in Gedanken, Worten und Werken überprüfen wollen, brauchen wir Zeit.

Für die Übung der Achtsamkeit brauchen wir eine entspannte und wache Verfassung. Wir können sie pflegen in Zeiten der Muße.

Wenn wir unsere Sicht der Welt und unsere Einstellungen zu uns und anderen und zu den Herausforderungen unserer Zeit erkennen und prüfen wollen, brauchen wir Zeit.

Zeit für das Wesentliche:
Eine Stunde am Tag ohne Müssen.
Ein halber Tag pro Woche ohne Müssen.
Ein Wochenende im Monat ohne Müssen.
Und irgendwann eine Woche im Quartal ohne Müssen.
Sie können durchaus ein Minimum an Pflichten erfüllen, zur Arbeit gehen, kochen und abwaschen. Aber im Vordergrund steht dann die Muße. Die Zeit ohne Müssen.
Probieren Sie es einfach aus. Gönnen Sie sich Zeit für das Wesentliche.
Jetzt, wo sie noch gesund und munter genug sind, um daraus echte Konsequenzen zu ziehen.

Wir brauchen Menschen, die den Mut zur Muße haben. Denn die Zeiten sind stürmisch, und die Herausforderungen sind komplex.
Wenn wir neue Wege finden wollen, brauchen wir Zeit. Zeiten der Muße, in denen wir allein und mit anderen zusammen, in aller Ruhe über die Herausforderungen nachdenken und uns austauschen können. Offen für neue Lösungen. Im Vertrauen darauf, dass uns die innere Weisheit leiten wird, wenn wir so wach und entspannt sind, dass wir sie hören können.

Die Stimme der Weisheit spricht leise. Sie spricht, wenn wir sie hören wollen. Und die rechten inneren und äußeren Bedingungen dafür da sind. Und – wenn wir Glück haben. Wenn der Segen der Götter auf uns ruht.
Wir können zuversichtlich sein.
Die Weisheit weiß: Wenn wir bereit sind, hören wir sie. Denn sie ist immer da. Nur wir sind nicht immer da. Wir sind zu beschäftigt, um auf sie zu achten und sie zu hören.

Fangen wir einfach an.
Mit Vertrauen und Einsicht.
Mit Zuversicht und Hoffnung.
Denn: Es kann gut gehen.

Ende gut. Alles gut?
Vielleicht.
Oder: Wenn es nicht gut ist,
ist es noch nicht zu Ende.

Alle Übungen im Überblick

Literatur

Arendt, Hannah (1994, 1968): *Zwischen Vergangenheit und Gegenwart. Übungen im politischen Denken I.* München: Piper

Arendt, Hannah (1995, 1968): *Menschen in finsteren Zeiten.* München: Piper (Guter Einblick in Arendts Weltsicht mit Beiträgen über Brecht, Luxemburg, Heidegger, Jaspers, Papst Johannes XXIII. u. a.)

Arendt, Hannah (1996): *Ich will verstehen. Selbstauskünfte zu Leben und Werk.* München: Piper (mit vollständiger Bibliografie)

Arendt, Hannah (1998, 1982): *Das Urteilen. Texte zu Kants politischer Philosophie.* München: Piper

Arendt, Hannah (2001, 1958): *Vita activa oder Vom tätigen Leben.* München: Piper

Arendt, Hannah (2002, 1977): *Vom Leben des Geistes. Das Denken. Das Wollen.* München: Piper

Armstrong, Karen (2006): *Die Achsenzeit.* Berlin: Siedler

Armstrong, Karen (2012): *Die Botschaft. Der Weg zu Frieden, Gerechtigkeit und Mitgefühl.* München: Pattloch

Ayya Khema (1997): *Die vier Ebenen des Glücks.* Oy-Mittelberg: Jhana Verlag

Comte-Sponville, André (2014, 1995): *Ermutigung zum unzeitgemäßen Leben. Ein kleines Brevier der Tugenden und Werte.* Reinbek: Rowohlt

Comte-Sponville, André (2011, 2009): *Kann Kapitalismus moralisch sein?* Zürich: Diogenes

Diamond, Jared (2006, 1997): *Arm und Reich. Die Schicksale menschlicher Gesellschaften.* Frankfurt: Fischer

Dürr, Hans Peter (2001): *Wir erleben mehr, als wir begreifen. Quantenphysik und Lebensfragen.* Mit Marianne Österreicher. Freiburg: Herder

Dürr, Hans Peter (2010, 1986) (Hrsg.): *Physik und Transzendenz. Die großen Physiker unserer Zeit über ihre Begegnung mit dem Wunderbaren.* Ibbenbüren: Driediger

Gerhardt, Volker (2014): *Der Sinn des Sinns. Versuch über das Göttliche.* München: C.H. Beck

Gerhardt, Volker (2012): *Öffentlichkeit. Die politische Form des Bewusstseins.* München: C.H. Beck

Haidt, Jonathan (2013): *The Righteous Mind. Why Good People are Divided by Politics and Religion.* London: Penguin

Han, Byung-Chul (2011): *Die Müdigkeitsgesellschaft.* Berlin: Matthes & Seitz

Jantsch, Erich (1984, 1992): *Die Selbstorganisation des Universums. Vom Urknall zum menschlichen Geist.* München: dtv

Konersman, Ralf (2015): *Die Unruhe der Welt.* Frankfurt: S. Fischer

Lakoff, George/Wehling, Elisabeth (2016, 2007): *Auf leisen Sohlen ins Gehirn. Politische Sprache und ihre heimliche Macht.* Heidelberg: Carl Auer

Mayer, Karoline/Krumpen, Angela (2015): *Jeder trägt einen Traum im Herzen. Von der Kraft, die alles ändern kann.* Freiburg: Herder (über Sozialarbeit in Chile)

McLeod, Ken (2001): *Wake up to your life.* New York: HarperCollins

Morris, Ian (2011, 2010): *Wer regiert die Welt? Warum Zivilisationen herrschen oder beherrscht werden.* Frankfurt: Campus

Pieper, Josef (1999, 1948): *Muße und Kult.* In: *Kulturphilosophische Schriften.* Werke Band 6. Hamburg: Felix Meiner 1999

Pieper, Josef (2012): *Über die Hoffnung.* Freiburg: Johannes Verlag

Pörksen, Bernhard/Schulz von Thun, Friedemann (2014): *Kommunikation als Lebenskunst. Philosophie und Praxis des Miteinander-Redens.* Heidelberg: Carl Auer

Rickens, Christian (2015) (Hrsg.): *Das Glühbirnenkomplott. Die spektakulärsten Verschwörungstheorien – und was an ihnen dran ist.* Köln: Kiepenheuer & Witsch

Rickens, Christian (2006): *Die neuen Spießer. Von der fatalen Sehnsucht nach einer überholten Gesellschaft.* Berlin: Ullstein

Roth, Gerhard (2003): *Aus Sicht des Gehirns.* Frankfurt: Suhrkamp

Safranski, Rüdiger (2003): *Wieviel Globalisierung verträgt der Mensch?* München: Hanser

Safranski, Rüdiger (2017, 2015): *Zeit. Was sie mit uns macht und was wir aus ihr machen.* München: Hanser

Schmidbauer, Wolfgang (1975): *Vom Ich zum Es. Evolution und Psychoanalyse.* München: dtv

Schmidbauer, Wolfgang (1985): *Die Angst vor Nähe.* Reinbek: Rowohlt

Schnabel, Ulrich (2010): *Muße. Vom Glück des Nichtstuns.* München: Blessing

Wehling, Elisabeth (2016): *Politisches Framing. Wie eine Nation sich ihr Denken einredet – und daraus Politik macht.* Köln: Halem. edition medienpraxis 14

Wetzel, Sylvia (2010a, 1999): *Hoch wie der Himmel, tief wie die Erde. Meditationen über Liebe, Beziehungen und Arbeit.* Bielefeld: Theseus

Wetzel, Sylvia (2010b, 1999): *Das Herz des Lotos. Frauen und Buddhismus.* Erweiterte Fassung. Berlin: edition steinrich

Wetzel, Sylvia (2011a), mit Reddemann, Luise: *Der Weg entsteht unter deinen Füßen. Achtsamkeit und Mitgefühl in Krisen und Übergängen.* Freiburg: Kreuz. (Auch als Hörbuch)

Wetzel, Sylvia (2013a, 2002): *Leichter Leben. Praktische Meditationen über den Umgang mit Gefühlen.* Berlin: Theseus. (Jetzt bei Lehmanns)

Wetzel, Sylvia (2013b, 2007): *Worte wirken Wunder. Reden mit Herz und Verstand.* Berlin: Lehmanns Media

Wetzel, Sylvia (2014): *Achtsamkeit und Mitgefühl. Mut zur Muße statt Hektik und Burnout.* Stuttgart: Klett-Cotta

Wetzel, Sylvia (2015): *Vertrauen. Finden, was mich wirklich trägt.* München: Scorpio.

Wetzel, Sylvia (2017), mit Reddemann Luise: *Mögen alle Wesen glücklich sein. Mitgefühl und Gerechtigkeit neu entdecken.* Ostfildern: Patmos

Sylvia Wetzel in der edition tara libre
Zahlreiche Beiträge im Netz. www.sylvia-wetzel.de

Studienmaterialien zum Buddhismus
Über 30 kleine Schriften (24–60 S.) € 2–4
15 Bücher (160–320 S.) € 12–16

Audio und MP3-CDs
Von öffentlichen Vorträgen & Tagesseminaren.
Von Angst und Beziehungen über Freude, Kommunikation, Liebe, Lebensziele bis Wut und Ärger.
75 Audio-CDs 2001–2008. Max. 80 Min. € 10
Über 200 MP3-CDs. 2000–2016. Vortrag, Übungen, Fragen. Wird fortgesetzt. € 12–15 (90–220 Min)

www.sylvia-wetzel.de